Waltraud Witteler | Claudia Gregor

Die besten Fischrezepte aus der Oberpfalz

von einfach bis raffiniert

Waltraud Witteler | Claudia Gregor

Die besten Fischrezepte aus der Oberpfalz

VON EINFACH BIS RAFFINIERT

BUCH- UND KUNSTVERLAG OBERPFALZ

Bibliografische Information der Deutschen Nationalbibliothek

Die Deutsche Nationalbibliothek verzeichnet diese Publikation in der Deutschen Nationalbibliografie; detaillierte bibliografische Daten sind im Internet über http://dnb.dnb.de abrufbar.
ISBN 978-3-95587-083-6

MIX
Papier aus verantwortungsvollen Quellen
FSC® C014138
FSC www.fsc.org

Für uns, die Battenberg Gietl Verlag GmbH mit all ihren Imprint-Verlagen, ist Nachhaltigkeit ein wichtiger Teil unserer Unternehmensphilosophie. Daher achten wir bei allen unseren Produkten auf den Einsatz umweltschonender Ressourcen und Materialien.
Dieses Buch wurde auf FSC®-zertifiziertem Papier gedruckt. FSC (Forest Stewardship Council®) ist eine nicht staatliche, gemeinnützige Organisation, die sich für die verantwortungsvolle und ökologische Nutzung der Wälder unserer Erde einsetzt.

Unsere Partnerdruckerei kann zudem für den gesamten Herstellungsprozess nachfolgende Zertifikate vorweisen:
- Zertifizierung für FOGRA PSO
- Zertifizierungssystem FSC®
- Leitlinien zur klimaneutralen Produktion (Carbon Footprint)
- Zertifizierung EcoVadis (die Methodik besteht aus 21 Kriterien in den Bereichen Umwelt, Einhaltung menschlicher Rechte und Ethik)
- Zertifikat zum Energieverbrauch aus 100% erneuerbaren Quellen
- Teilnahme am Projekt „Grünes Unternehmen“ zum Schutz von Naturressourcen und der menschlichen Gesundheit

Aus Gründen der besseren Lesbarkeit wird auf die gleichzeitige Verwendung der Sprachformen männlich, weiblich, divers (m/w/d) verzichtet. Entsprechende Begriffe gelten im Sinne der Gleichbehandlung grundsätzlich für alle Geschlechter.

1. Auflage 2022
ISBN 978-3-95587-083-6

www.battenberg-gietl.de
Layout: Regina Schindler

Vorwort

Extrem vielfältig, so ist die Oberpfalz, welche Bereiche auch immer man betrachtet.
Schaut man auf den geologischen Untergrund, so findet man Kalkgestein, auf vorgeschichtlichen Meeresgrund hindeutend, Vulkanismus, besonders in Form von Basalt, und Urgestein, Gneis und Granit im Oberpfälzer Wald, verbunden mit Quarz, zum Beispiel am Pfahl und am Rosenquarzfelsen in Pleystein.
Entsprechend vielfältig ist auch die Flora, die hier anzutreffen ist, auch wenn manche, gerade ganz besondere Raritäten, oft nur dem Fachmann bekannt sind und dem Wanderer, Bürger oder Land- oder Teichwirt gar nicht ins Bewusstsein kommen. Genauso verhält es sich auch mit der Fauna, denn eng verbunden mit der Pflanzenwelt, die ja die Ernährungsbasis darstellt, entwickelt sich auch unter den Tieren eine große Artenvielfalt, die es ebenso zu schützen und zu erhalten gilt.
Aber auch der Menschenschlag ist unterschiedlich, die Dialekte und verschiedenen Spracheinflüsse unterscheiden sich oft erheblich und das wiederum ist auch eng eingebunden in Kultur und Wirtschaft.
Ebenso eng verbunden mit der Kultur und mit langer Geschichte, eigentlich gar nicht wegzudenken aus der Oberpfalz, ist die Fischkultur. Ob als Wirtschaftsgut oder auch Sport- und Freizeitgestaltung oder als Natur- und Landschaftspflege – Fische spielen und spielten schon immer eine ganz bedeutende Rolle. Es gehörte noch im 20. Jahrhundert zum guten Ton, wenn schon kein eigenes Fischwasser, so doch mindestens Angelrechte zu besitzen.
So bunt und vielfältig wie die Oberpfalz ist lassen sich auch ihre Fische zubereiten. Ob auf alte, traditionelle Weise oder ob in die ganze Welt geschaut, Oberpfälzer Fisch ist so dankbar und einfach, meistens auch schnell und auf verschiedenste Arten zuzubereiten. Es macht richtig Spaß und wird Sie bestimmt überraschen, welche Aromen man da zusammenspielen lassen kann.

Viele schöne Genussmomente mit Fisch & Co!
Waltraud Witteler

Inhaltsverzeichnis

Über Delikates aus Oberpfälzer Gewässern

Herkunft des Karpfens

Woran denkst du zuallererst, wenn man dich fragt, was sich so in Oberpfälzer Gewässern tummelt und den Fischern „Petri Heil" einbringt?
Na an den Karpfen, an was sonst? Und das ist ja so auch vollkommen korrekt, selbst wenn man staunen kann, welch kulinarische Schätze und Köstlichkeiten, die man hier absolut nicht vermutet, in dieser oder jener stillen Ecke sonst schlummern.
Der Karpfen ist der absolute Hauptdarsteller im nassen Szenario dieser Region, die von zwei großen Seenplatten mit unzähligen Teichen geprägt ist.
Er zeigt sich äußerst schmackhaft und sehr vielseitig in den Möglichkeiten seiner Zubereitung. So fand er seinen Weg recht schnell über den Tellerrand des Oberpfälzer Porzellans hinaus und ist nicht nur in Bayern eine Bereicherung des Speiseplans, sondern in ganz Deutschland. Sogar in der Hochburg der Fischküche, in Hamburg, ist der Oberpfälzer Karpfen ein Begriff und kann sich neben seinen Kollegen, den Fischen, die das Meer bewohnen, behaupten. Dort liegt er nicht selten auf heimatlichem Porzellan, welches auf dem ganzen Globus anzutreffen ist und sich durch einen typischen Handgriff, nämlich das Umdrehen des Tellers, durch seinen eingebrannten Stempel zu erkennen gibt.
Noch eine Gemeinsamkeit teilen sich der Karpfen und das Porzellan: Das „weiße Gold", das Porzellan, hat seinen Ursprung im fernen Osten, in China, und auch der Karpfen lebte ursprünglich in den wärmeren Gewässern Ostasiens. Wenn man so will, könnte man beide als Symbol der ältesten Kulturen der Menschheit betrachten.
Der Karpfen hat auch heute noch keine geringe Bedeutung in der asiatischen Küche und landet im Gegensatz zu seinem hochgeschätzten Verwandten, dem edlen Zierfisch Koi, im Wok oder im Suppentopf. Natürlich lässt sich unser Oberpfälzer Karpfen auch auf asiatische Art zubereiten.

Der Graskarpfen ist in China heute noch einer der beliebtesten Speisefische

Karpfen
asiatisch

Zutaten:

Pro Person 1 vorbereitetes Karpfenfilet

1 Tatze Ingwerwurzel, etwa 100 g

2 rote Chilischoten

4 Stiele Zitronengras

4 – 6 Zehen Knoblauch

1 Scheibe kandierte Zedraschale, alternativ 1 schönes Stück Zitronat

Ponzu-Sauce, Oyster-Sauce, evtl. Yuzu-Saft, so vorhanden, Pflaumenwein

Zubereitung:

Zuerst wird das Karpfenfilet mariniert. Dazu den Ingwer mit einem kleinen Löffel schälen und die Wurzel in dünne Streifchen schneiden. Die rote Chili-Schote halbieren, die Kerne und inneren Häute entfernen und ebenso in kleine Streifchen schneiden, dazu am besten Handschuhe tragen, damit man die Schärfe nicht ins Gesicht oder die Augen bekommt. Das Zitronengras am dicken Ende etwas zerklopfen, damit das Aroma aus den zerquetschten Zellen austreten kann, wenn möglich auch hier aus den weichen Teilen kleine Ringe schneiden. Knoblauchzehen schälen und ganz klein schneiden und letztlich auch die kandierte Zedraschale, beziehungsweise die Zitronatscheiben in dünne Streifchen schneiden. Nun die Saucen mischen; die Ponzu-Sauce bildet den Hauptanteil. Man kann sie noch zusätzlich mit einem kleinen Spritzer Yuzu-Saft versetzen, das hebt das Zitrus-Aroma, zwei Esslöffel Oyster-Sauce dazugeben, und sehr fein, wenn man das will und parat hat, ist auch noch die Beigabe von knapp 100 ml Pflaumenwein.

Mit den zerkleinerten Gewürzscheibchen die Karpfenfilets bestücken, dazu kann man sich sehr schön die vom Teichwirt vorgenommenen Lamellenschnitte zunutze machen. Die so vorbereiteten Filets auf die übrig gebliebenen Zitronengras-Stiele und Gewürzstreifen legen und mit der Saucen-Mischung begießen, abdecken und einige Minuten ziehen lassen.

Inzwischen einen Dampftopf vorbereiten. Im Asia-Laden kann man sich auch ein Bambus-Körbchen zum Dämpfen besorgen.

Den Fisch über Dampf garen, das Filet ist je nach Größe in 10–12 Minuten fertig. Man erkennt das an der weißen Verfärbung des Eiweißes vom Fischfleisch.

Die Gewürzscheibchen können mitgegessen werden, dabei ist zu beachten, dass die Chilischoten unterschiedliche Schärfe haben. Wer schärfeempfindlich ist, sollte sie beiseite schieben, es genügt da meist bereits die Ingwerschärfe.

Oyster- oder Ponzu-Sauce werden dazu noch gereicht. Als Beilage dient in Asien natürlich in erster Linie Reis, auch Nudeln passen gut. Auf dem Foto: die griechischen Reisnudeln Kritharaki.

Karpfen in Süd-Europa

Der Karpfen blieb natürlich nicht nur in Asien. Eher die Wärme liebend, verwundert es nicht, dass er in Europa zuerst in den warmen, südlichen Ländern Einzug hielt, weit weg von den kalten, wilden, kargen Regionen der nördlichen Oberpfalz, einem seiner Hauptverbreitungs- und Wirtschaftsgebiete der neueren Zeit. Besonders aus der Region um Rom existieren viele Aufzeichnungen der antiken Kochkultur. Die Gelehrten Apicius, der in der ersten Hälfte des 1. Jahrhunderts nach Christus gelebt und gewirkt hat, Plinius und Seneca – beide sicher aus dem Latein- und Geschichtsunterricht noch so irgendwie bekannt –, waren richtige Feinschmecker. Sie hinterließen Notizen über besonders feine Zubereitungen, aber auch über besonders bekömmliche, dem Körper nützende und Krankheiten vorbeugende oder lindernde Ernährung.

Foto: www.wikipedia.de

Eine große Rolle für die Überlieferung alter Zubereitungsarten kommt dabei Apicius zu.

Befasst man sich etwas näher mit den Ernährungsgewohnheiten dieser frühchristlichen Zeit, so ist man erstaunt, wie vielfältig und besonders auch delikat damals diniert wurde. Das Buch „Römische Naschkatzen" von dem Historiker Marcus Junkelmann hat nicht wenige Überraschungen bereit bezüglich der Produkte und auch Gewürze, die damals schon zur Verwendung kamen.

In diesem kleinen Buch findet man auch die Abbildung eines Mosaiks aus einer Villa in Rom, das ein Stillleben verschiedener Nahrungsmittel darstellt. Fische und Meeresfrüchte waren natürlich schon durch die geographische Lage sehr beliebte Speisen. Neben den Tintenfischen und den Garnelen im Korb und der Dorade könnte das neben dem Huhn hängende Tier wohl ein Karpfen sein. Datteln und grüner Spargel und vielleicht Estragon oder Mönchsbart sind als Gemüse und Früchte dargestellt. Datteln aber auch Rosinen wurden nicht nur für Süßspeisen eingesetzt, sondern absolut auch bei Fleisch und Fisch. Als ich die dunkle, süßsauere Soße zum blauen Karpfen herstellte, hat mich das sehr an die römische Kochart erinnert. Auch die fast überall verwendete Würzflüssigkeit, „Ligamen" benannt, ist sehr salzig, wurde aus Meeresfischen hergestellt und könnte geschmacklich der japanischen Oyster-Sauce nahekommen. Man trifft beim Stöbern in Kochliteratur verschiedenster Art immer wieder Stellen

und Zubereitungen, die Gemeinsamkeiten mit der römischen Kochkultur aufweisen. Es erweckt fast den Eindruck, die mediterrane Küche war schon damals bekannt und ist bis heute nicht aus der Mode gekommen, im Gegenteil. Sie stellt die Wiege der Kochkultur, aber auch der gesunden Ernährung dar.

Zuletzt, am Ende dieses Buches, kehren wir wieder hierher zurück, denn da bereiten wir eine Bouillabaisse, deren Grundrezepte bereits von Plinius beschrieben wurden. Heute aber machen wir uns ein Karpfenfilet, und in Anlehnung an die römische Küche – warum nicht im Römertopf?

Karpfenfilet
im Römertopf

Zutaten:

2 Karpfenfilets, entschuppt und geschröpft

4 Karotten

1 Stange Lauch

4 Stangen Sellerie

2 frische Lorbeerblätter

Nach Belieben 1 EL Rosinen oder Sultaninen

½ TL Kreuzkümmel,
1 guter TL Fenchelsaat, auch Dillsaat kann man mit verwenden, so man hat, ebenso ½ TL Koriandersaat

Blätter und Blüten von 2 Zweigen Oreganum

Pfeffer aus der Mühle

3 EL Oyster-Sauce

¼ l trockener Weißwein

Vorbereitung:

Bevor wir uns an das Rezept wagen, sind noch ein paar grundsätzliche Dinge zur allgemeinen Garmethode im Römertopf zu besprechen:

Es ist eigentlich eine recht einfache Methode, bei der nichts schief gehen kann, zudem oft ohne zusätzliches Fett und sehr aromaintensiv.
Der Römertopf muss aber unbedingt vor jedem Gebrauch mindestens 10 Minuten gewässert werden, auch der Deckel. Das ist ganz wichtig für seinen Einsatz, sonst könnte er Schaden nehmen; auch das Garen funktioniert sonst nicht einwandfrei.

Wichtig ist zudem, dass im Gegensatz zu den meisten anderen Garmethoden der Herd kalt sein muss. Er darf nicht vorgeheizt werden.

Die Gartemperatur beträgt 200° C, die Garzeit schwankt je nach Größe des Topfes, aber auch die Art des Herdes spielt mit eine Rolle. Besonders schön beim Kochen mit dem Römertopf ist: Ist das Ganze im Herd, hat man Zeit und kann sich anderen Dingen widmen, denn es kann einfach nichts passieren, man muss nicht aufgießen, wenden, einpinseln oder Ähnliches, das Gargut kann ungestört in den eigenen und zugefügten Aromen garen.

Das Zubereiten von Speisen im Römertopf wird dem Lukullus zugeschrieben. Eine historisch sichere Quelle konnte ich zwar nicht dafür ausmachen, aber es tut ja auch nicht unbedingt etwas zur Sache, ob es sich nur um überlieferte Erzählungen oder bis ins Detail belegte Tatsachen handelt. Sicher ist auf alle Fälle, dass Lukullus ein ganz großer Gourmet war. Er lebte von 117 bis 56 vor Christus, war ein sehr wohlhabender römischer Senator mit dem vollen Namen Lucius Licinius Lucullus. Er liebte es, große Gastmähler zu geben bei denen die feine Zubereitung der Speisen eine große Rolle spielte.

Man darf sich aber diese Gastmähler nicht etwa als wilde Gelage vorstellen, sondern als hochkulturelle Veranstaltungen, vergleichbar nicht etwa nur mit einem perfekten Dinner, sondern mit einer feinen großen Gala, bei der alles zur Perfektion dargeboten wird. Und es kamen nur die allererlesensten Produkte, extrem fein zubereitet, auf die Tafel. Auch der gesamte Rahmen musste stimmen, es war wohl einfach höchste Kultur, die hier zelebriert wurde, ohne wilde Ausschweifungen wie bei manch anderen Orgien.

Als zusätzliche Beilage kann man ein Pfannen- oder Fladenbrot reichen. Es war bei den Römern stets Brot auf dem Tisch, das man sich zu allen gereichten Gerichten nahm und in mundgerechte Stücke brach. Verwendet man Emmer-Mehl, so kommt man der Zubereitungsart der Römerzeit schon sehr nahe, denn damals gab es bereits die Weizenart Emmer, die zwischenzeitlich auch in der Oberpfalz wieder angebaut wird.

Die Zubereitung geht recht schnell, so kann man die Garzeit des Fisches und Gemüses nutzen, um ein Pfannenbrot zu machen.

Zubereitung:

Karotten, Stangensellerie und Lauch in kleine Stäbchen, sogenannte Julienne, schneiden und auf den Boden des Römertopfes schichten. Zwei frische Lorbeerblätter mit dazulegen. Die Karpfenfilets obenauf legen, sie sollten möglichst vom Fischhändler schon geschröpft sein. Schröpfen heißt, in das Karpfenfilet werden etwa 6 oder 7 mm breite Streifen eingeschnitten, um die feinen Y-Gräten, die sich nicht ziehen lassen, zu zerstören. Ein paar Umdrehungen schwarzen Pfeffer aus der Mühle über die Fischfilets streuen. Wenn man will, können auch noch einige Rosinen aufgestreut werden, etwa ein Esslöffel voll.

In einem Mörser Kreuzkümmel, Fenchelsaat und frischen, alternativ getrockneten, Oreganum verreiben, auch ein paar Körner Koriandersaat passen recht gut dazu, mit 3 Esslöffeln Oyster-Sauce mischen.
¼ l Weißwein dazugeben und die Mischung über das Gargut im Römertopf gießen.

Den Deckel aufsetzen, in den Herd schieben und auf 200° C einschalten. Nach 45 Minuten ist der Fisch fertig.

Pfannenbrot

Zutaten:

250 g Emmer-Mehl

½ Päckchen Backpulver

200 g Magerquark

1 EL Olivenöl

Salz, 1 Prise Zucker

Zubereitung:

Die Zutaten mischen; ist der Teig zu trocken, kann er vorsichtig mit etwas Wasser versetzt werden. In 4 gleiche Teile teilen, diese zu kleinen Fladen formen und beidseitig gut bemehlen. Eine beschichtete Pfanne aufsetzen, auch diese mit Mehl bestäuben und die Fladen darin braten. Dabei immer wieder wenden, bis sie beidseitig eine schöne, braune Farbe bekommen haben. Am Rand der Fladen kann man erkennen, ob sie gar und nicht mehr teigig sind.

Donau und Regensburg

Es verwundert nicht, dass der Karpfen in der Oberpfalz zuallererst in der südlichsten Ecke der Oberpfalz gelandet ist. Als wärmeliebendes Tier hat er sich natürlich in der mit Abstand wärmsten Zone der Oberpfalz, in der Gegend um Regensburg, niedergelassen.
Hier begrenzt die Donau in einem kleinen, nach Norden gewölbten Bogen die Oberpfalz im Süden. Hier mündet auch der Regen, der wie eine Art Grenzfluss, in Tschechien entspringend, die Oberpfalz zu Niederbayern hin abgrenzt. Er bildet den größten Teil der südlichen Grenze Oberpfälzer Gewässer. Der Regen ist der zweitgrößte Fluss der Oberpfalz.
In der Gegend seiner Mündung in die Donau gründete der römische Kaiser und

Regenmündung in die Donau

Regensburg

Philosoph Marc Aurel das römische Legionslager Castra Regina, das man als die Keimzelle Regensburgs betrachten kann. Marc Aurel lebte und wirkte von 121 bis 180 und es ist schon frappierend, mit welchen Problemen er sich als Regent dieses großen römischen Reichs damals in frühest christlicher Zeit auseinanderzusetzen hatte. Man fühlt sich vollkommen in die Gegenwart versetzt, denn zum Einen herrschte im gesamten Reich eine vermutlich durch Viren hervorgerufene Pandemie, Antoninische Pest bezeichnet, die es zu beherrschen und einzudämmen galt, zum Anderen gab es eine katastrophale Tiber-Überschwemmung mit all ihren verheerenden Folgen. Nicht zuletzt befasste er sich in seiner Regierungszeit mit der Verbesserung der Lebensqualität unterdrückter Gruppen, besonders von Frauen und Sklaven, und die Christenverfolgung in Rom machte ihm zudem zu schaffen.

Ob Marc Aurel den Karpfen mit in sein Legionslager gebracht hat, darüber konnte ich keine Literaturstellen finden. Es wäre naheliegend und nicht verwunderlich. Vielleicht ist der Karpfen ja auch mit der römischen Kultur über Niederbayern nach Regensburg „herauf geschwommen". Ich konnte diese Frage nicht aufklären. Wie dem auch sei, schauen wir uns den Donaubogen, der die Oberpfalz durchzieht, an, so finden wir auf dieser kleinen Strecke noch eine bedeutende Flussmündung. Der größte Fluss der Oberpfalz, die Naab, entspringt hoch im Norden der Oberpfalz als Waldnaab, vereint sich dann mit ihrem weiteren Quellfluss, der Fichtelnaab, bis auch die Heidenaab zufließt und sie schließlich als Naab bis Regensburg zur Donau hinstrebt und bei Mariaort in die Donau mündet. Die hier befindliche Donauinsel wird vom Naturschutzbund in eine naturnahe Zone zurückgebaut und erhielt 2021 den Bayerischen Biodiversitäts-

Donauufer

Bei Mariaort mündet die Naab in die Donau

preis. Die Uferbereiche gewinnen dadurch an Artenvielfalt von Flora und Fauna, was sicher auch den Fischen in der Donau zugutekommt, finden sie doch leichter ein schattiges Versteck oder auch ein anderes Wassertier, mit dem sie sich gesellen möchten.

Bis jedoch der Karpfen flussaufwärts die mittlere und später auch die nördliche Oberpfalz erreichte, sollte noch viel Wasser die Naab zur Donau hinunterlaufen. Das raue, kalte Klima, die wenig kultivierte steinige, waldige Landschaft, in der germanische, überwiegend keltische Stämme lebten, war nicht unbedingt die Wohlfühlgegend dieses wärmeliebenden Fisches.

Aber schauen wir uns erst einmal in der Donau nach Fischen um. Neben dem Karpfen tummeln sich da Brachsen, Aitel, Barben, Zander, Hechte, Aale, seltener ein Huchen und der Stör gilt bereits teilweise als ausgestorben. Einen Fisch aber möchte ich hier besonders hervorheben, das ist der Wels, in dieser Gegend als Donauwaller im Sprachgebrauch und in und um Regensburg in manchem Gasthaus als Spezialität angeboten. So ein Fisch kann schon eine beträchtliche Größe erreichen und wäre für eine Familie meist viel zu groß.

Dieser wärmeliebende Raubfisch lebt in größeren Flüssen und Seen und verzehrt so ziemlich alles, was ihm zwischen die Zähne gerät. Man kann ihn inzwischen fast in der ganzen Oberpfalz antreffen. Eine besondere Laune der Natur lässt diesen nicht gerade hübsch aussehenden Fisch immer einmal wieder in einer Albino-Form auftreten. Ein besonders schönes Exemplar davon lebt in einem Fischweiher mitten in der Oberpfalz, im Landkreis Amberg-Sulzbach, wo er der ganze Stolz des Teichwirts ist und sicher eines natürlichen Todes dort einmal sterben darf.

Der Waller ist ein sehr schmackhafter, grätenfreier Fisch, den es lohnt zuzubereiten.

Eine Spielart der Natur – der Gelbe Waller aus dem Landkreis Amberg-Sulzbach

Foto: Ina Piehler

Wallerfilet

auf Kartoffelmousse mit Trüffel und Onsen-Ei im Spinatnest

Hier kann der Waller richtig zeigen, was er kann. Gerade die ganz feinen Aromen begleitet er hervorragend und schmeichelt besonders geschmackssensiblen Zungen. So lassen sich die herrlichen Trüffelaromen nicht stören und der Geschmack des besonders gegarten Onsen-Eies kommt in diesem Ensemble voll zum Tragen.

Zutaten:

750 – 800 g Wallerfilet

¼ l Weißwein

4 Eier

500 g Babyspinat

2 Schalotten

2 EL Sultaninen oder Rosinen

2–3 EL Pinienkerne

1 Knolle frischer Knoblauch

1 walnussgroße Trüffel

2 EL Öl

4 EL Butter

Salz, Pfeffer

Mehl zum Wenden vom Fisch

Zubereitung:

Die Kartoffelmousse wird wie bei den Hechtklößchen zubereitet, siehe Seite 117. Man beginnt auch mit dem Kochen der Kartoffeln in Salzwasser. Während der Kochzeit kann man die weiteren Produkte vor- und zubereiten.

Das Wallerfilet kauft man am besten schon enthäutet und teilt es in gleichmäßige Portionsstücke. Diese mariniere ich gerne in einem Riesling oder auch einem Silvaner.

Einen kleinen Teil des Weins gebe ich in eine Tasse und weiche darin eine gute Hand voll Sultaninen ein.

Dann beginne ich auch schon mit den Onsen-Eiern. Diese Zubereitungsart kommt aus Japan, wo in heißen Thermalquellen die Eier gegart werden. Die Temperatur beträgt 68° C. Man tut sich hier natürlich am leichtesten, wenn man einen Sous-vide-Garer besitzt; gart man die Eier im Wasserbad, so ist unbedingt ein Thermometer nötig, das zur Überprüfung der Wassertemperatur häufig abgelesen werden soll. Die Eier müssen sehr frisch sein und dürfen nicht aus dem Kühlschrank kommen, sie sollen bereits Zimmertemperatur angenommen haben. Beim Einlegen der Eier in das Wasserbad sehr vorsichtig sein, damit die Schale keinen Riss bekommt. Die Dauer des Garens beträgt 45 Minuten, lässt sich aber gut bis zu 1 Stunde ausdehnen.

Für die Kartoffelmousse:

1 kg festkochende Kartoffeln

300 ml Milch

150 g Butter in Stückchen geschnitten

Salz

Für den Babyspinat schneide ich schon einmal die Schalotten in kleine Würfelchen und lasse sie in einer Pfanne in etwas Butter glasig andünsten. Bis zur Weiterverarbeitung beiseitestellen. In einer weiteren, kleinen beschichteten Pfanne röste ich 2–3 EL Pinienkerne ohne Fett. Diese sollte man nicht aus den Augen lassen, da sie ganz schnell schwarz werden.

Ich nehme die Kerne einstweilen aus der Pfanne und lasse in dieser Pfanne einen guten EL Butter schmelzen und dabei ein quer durchgeschnittenes Häuptel frischen Knoblauch mit warm werden. In diese warme Butter hoble ich die Trüffel ganz dünn und lasse sie bei ganz milder Hitze mit erwärmen.

Inzwischen dürften die Kartoffeln gar sein und ich bereite das Mousse und stelle es warm.

Dann geht es auch schon an den Fisch. Dazu lasse ich in einer Pfanne Butter und Öl oder alternativ auch Butterschmalz heiß werden auf Stufe 6–7. Der Fisch wird aus der Marinade genommen und nur leicht abgetupft, gesalzen, leicht gepfeffert und in Mehl gewendet. Dann in der heißen Pfanne gebraten, bis die Filetteile auf der Bratseite eine schöne goldbraune Farbe angenommen haben, das dauert 7–8 Minuten. Dann wenden und auf der zweiten Seite noch etwa 3 Minuten braten, dann ist der Fisch fertig.

Nun den Spinat noch fertig machen, das geht ganz schnell. Dazu die Pfanne mit den Schalottenwürfeln wieder erwärmen, den Babyspinat einlegen und zusammenfallen lassen, mit Salz und Pfeffer würzen und die eingeweichten Sultaninen und Pinienkerne mit daruntermischen.

Das Onsen-Ei ist inzwischen sicher auch schon servierfähig. Es wird vorsichtig aufgeschlagen und man lässt es in eine kleine Schale oder in eine weite Teetasse gleiten.

Die Trüffel werden aus der Butter genommen und unter die Kartoffelmousse gehoben, die schönsten Scheibchen gibt man zur Seite und legt sie dann obenauf. Die so fertige Mousse gibt man als Unterlage auf den Teller und legt die Wallerteile darauf. Den Spinat formt man zu einem kleinen Nest, in das man mit einem Löffel das Ei zusammen mit etwas gestocktem Eiweiß einsetzt. Auch hier passt ein Trüffelscheibchen hervorragend dazu.

Nun braucht man nur noch zu schlemmen – dem Lukullus würde das sicher auch gefallen.

Waller

in Sekt gedünstet

So wird der Waller zu einem richtigen Edelfisch und darf statt in der Donau in Sekt schwimmen.

Zutaten:

600 – 800 g Wallerfilet ohne Haut

1 Flasche Winzersekt

Ein paar Dillzweige mit Blüten

1 rote Chilischote

1 TL Dillsaat

Zitronenabrieb

Fleur de Sel

2 TL eingelegter Ingwer in Scheibchen

300 – 400 g Herbsttrompeten (das Gewicht ist je nach Feuchtigkeit der Pilze sehr schwankend)

2 Schalotten

Salz

1 EL Butter

2 Reisblätter (Asia-Laden)

Butterschmalz zum Ausbacken

Ein paar Blättchen Koriandergrün zum Garnieren

Zubereitung:

Zuerst werden die Herbsttrompeten von Sand, Nadeln und Blättern befreit und die großen Exemplare etwas zerkleinert, dass sie pfannenfertig sind. Dann die Schalottenwürfel in Butter glasig dünsten, die Trompeten dazugeben und 10 Minuten weiterbraten und warm stehen lassen.

Das Wallerfilet zuerst einmal in eine schöne gleichmäßige Form zuschneiden, besonders die Dicke sollte einigermaßen gleichmäßig sein. Dann eine tiefe Pfanne oder einen Fischbräter zusetzen, auf Mittelstufe erhitzen und eine Flasche Winzersekt eingießen. 1 oder 2 Zweige Dill mit Blüte, wie man ihn auch zum Einlegen von Gurken verwendet, mit dazugeben und eine halbe rote Chilischote ohne Kerne und Innenhäute. Dann den Fisch ins Sektbad legen und je nach Größe und Dicke 5–7 Minuten dünsten. War der Fisch nicht vollständig bedeckt, wendet man ihn zum Ende der Garzeit noch 1–2 Minuten. Dann den Fisch entnehmen und mit feinem Meersalz (Fleur de Sel), etwas Zitronenabrieb und frisch gemörserter Dillsaat bestreuen. Mit eingelegtem Ingwer – man kann ihn selbst machen, er ist aber auch gut im Asia-Laden erhältlich – belegen.

Butterschmalz in einem kleinen flachen Topf sehr heiß werden lassen, direkt vor den Punkt, an dem es zu rauchen beginnt. Das Reisblatt in kleine Stücke brechen und diese einzeln einlegen. Sie schäumen sofort auf, ähnlich wie Kroepoek-Chips. Bis zum Anrichten auf Küchenkrepp legen. So hat man eine ganz leichte Beilage mit zartem Reisgeschmack.

Vor dem Anrichten die Herbsttrompeten noch mit etwas Butter zum Glänzen bringen. Wer Koriandergrün hat und mag, kann den Fisch noch mit ein paar kleinen Blättchen zieren.

Ein Naturwunder, die schwimmenden Inseln im kleinen Arbersee

Der Regen

Der zweitgrößte Fluss der Oberpfalz und übrigens auch der zweitgrößte linke Nebenfluss der Donau in ihrem deutschen Flusslauf ist der Regen. Er entwässert einen Großteil des nördlichen Bayerischen Waldes. Seine Quellen liegen jenseits der tschechischen Grenze, also im Böhmerwald, und spenden das frische, klare Wasser seines Oberlaufs, des Schwarzen Regen. Dieser durchfließt „niederbayerisches Hoheitsgebiet", bis er sich nahe Kötzting mit dem Weißen Regen zum Regen vereint und ab da die Oberpfalz nicht mehr verlässt.

Der Weiße Regen ist gewissermaßen ein waschechter Oberpfälzer. Er kommt aus dem kleinen Arbersee, in dem zwar keine kulinarischen Highlights, aber ganz besondere Naturseltenheiten, ja fast Naturwunder schwimmen. Es sind schwim-

mende Inseln, entstanden aus Moorlandschaft, die sich durch den Wasseraufstau von Menschenhand, nämlich um das Holz der großen tiefen Wälder zu triften, abgetrennt haben. Viele selten gewordene Pflanzenarten haben sich hier erhalten, Moose, Rosmarinheide, Fieberklee, besondere Gräser, und so still und abseits, wie man eben in der Oberpfalz in großen Teilen lebt, können sich die größten Kostbarkeiten bilden und glücklicherweise auch oft erhalten.
Seit ein paar Jahren werden sogar Saiblinge im kleinen Arbersee gesichtet, was man als weiteres kleines Naturwunder bezeichnen könnte, denn bei dem extrem saueren Wasser dieses Hochmoors kann sich eigentlich kein Fisch am Leben halten. Vielleicht suchen und lieben sie hier ja nur die Stille und holen daraus ihre Kraft. Vielleicht aber auch – und das wäre ein großes Glück – ändert sich das Klima zum Positiven und der saure Regen verliert an Säure und lässt den pH-Wert des Wassers wieder sanft steigen.
Bei Cham nimmt der Regen noch einen kleinen Oberpfälzer Fluss auf, den Chamb. Sein Name ist keltischen Ursprungs und das erklärt, dass er männlich betitelt wird. Er ist ein tschechischer Grenzgänger, von denen uns noch viele begegnen werden, solange wir Oberpfälzer Gewässer aufsuchen. Bei Furth im Wald kommt er über die Grenze und durchfließt den Drachensee, einen erst 2009 fertig gewordenen Stausee zur Wasserregulierung, aber auch mit einer ökologischen Funktion zur Erhaltung und Erneuerung der Artenvielfalt und auch für

Drachensee bei Furth im Wald

Foto: Adobe Stock, Annabell Gsödl

den Tourismus. Da der Chamb nur wenig Gefälle hat, mäandert er sehr und es wurde in seinem Tal ein recht schöner, gemütlicher Chambtal-Radweg angelegt.
Weiter durchfließt der Regen das größte Naturschutzgebiet der Oberpfalz, die Regentalaue, wo er wunderschön mäandert, mit vielen Seitenarmen und Altwassern, vielen romantischen Plätzen, mit seltenen Pflanzen und Tieren, die hier ein Refugium gefunden haben.
Hier thront auch das Kloster Reichenbach, das sicher mit seinen Benediktinern schon in der Frühzeit einen Beitrag zur Fischerei geleistet hat. Noch größere Bedeutung für die Entwicklung der Fischerei dürfte den Klöstern im Stiftland zukommen. Heute gehört das Kloster Reichenbach den Barmherzigen Brüdern.

Auch die Hänge zum Regen hin bei Reichenbach stehen nicht zu Unrecht unter Naturschutz und lassen dem Naturfreund das Herz höherschlagen.
Von Roding bis Nittenau durchzieht der Regen ein breites Tal, das viel Sonne und damit Wärme aufnehmen kann und entsprechend findet man hier schon eine Flora, die man auch im warmen Donautal findet. Hier kann sich auch der wärmeliebende Karpfen halten und ist in der angrenzenden Bodenwöhrer Senke nicht selten anzutreffen.
Bei dem kleinen Ort Marienthal nähert sich der Regen sehr der Naab und biegt in einem starken Knick, dem Regenknie, nach Süden zur Donau ab. Es hat den Anschein, als wage er es nicht, sich mit dieser kühlen Schönheit zu vereinen und zöge es lieber vor, die letzte Strecke bis zur großen warmen Donau doch alleine und selbständig zurückzulegen.
Der Regen ist ein sehr fischreicher Fluss, in dessen sauberen, warmen Wassern sich zahlreiche Arten tummeln. Eine Besonderheit, die im Regen vorkommt und die heute schon recht selten geworden ist, ist der Huchen. Er gilt als sehr vom Aussterben bedroht und wurde daher auf die Rote Liste der Welt-Naturschutz-Union gesetzt. Auch Aale leben im Regen und seinen Auen. Sie sind ein bedeutender Speisefisch und können nicht nur geräuchert, sondern auch frisch zu feinen Gerichten zubereitet werden.

Kloster Reichenbach

Aalsuppe

Hamburger Art

Es ist zwar ein großer Aufwand, macht aber Freude und lohnt sich; insbesondere, wenn man so ein schönes Tier an der Angel oder besser gesagt in der Reuse hat und sich in geselliger Runde an diesem Gericht gütlich tut.

Zutaten:

1 gepökelte Schweinshaxe

Gut 300 g Aalfilet oder 600 – 700 g frischer Aal

1 Pastinakenwurzel

½ Knolle Sellerie

1 Stange Lauch

4 Zweige Thymian

4 Zweige Estragon

200 g grüne Erbsen gepult oder tiefgekühlt

10 – 12 getrocknete Apfelringe

100 g getrocknete Aprikosen

1 Bund Dill

1 Bund Petersilie

1 Bund Kerbel

¼ l trockener Weißwein

Evtl. 1 – 2 EL Weinessig

2 EL Mehl + 1 EL Butter

1 EL Zucker

Salz

Pfeffer aus der Mühle

Muskat frisch gerieben

Zubereitung:

Zuerst die Schweinshaxe in einem Kochtopf mit Wasser zusetzen, sie muss gut bedeckt sein, und 1 Stunde kochen lassen.

Die Apfelringe und die Aprikosen in einer Schüssel im Weißwein einweichen.

Die Pastinake und die Sellerieknolle in Würfel schneiden, den Lauch in Ringe und gegebenenfalls die Erbsen auspulen.

Nach 1 Stunde Kochzeit das Gemüse der Schweinshaxe zufügen und darin etwa ½ Stunde mit weitergaren. Dann die Schweinshaxe herausnehmen, das Fleisch vom Knochen lösen, würfeln und zurück in die Suppe geben. Das Trockenobst noch etwas zerkleinern und mit dem Wein, in dem es eingelegt war, mit zur Suppe geben.

2 EL Mehl mit 1 EL zimmerwarmer Butter gut verkneten, in die Suppe zum Abbinden einrühren und 2 – 3 Minuten lang richtig aufkochen, damit sich der Mehlgeschmack verliert.

Mit Muskat, Salz, Pfeffer, Zucker und nötigenfalls Weinessig abschmecken. Wichtig ist hierbei, das Spiel zwischen süß und sauer optimal zu erreichen.

Nun den Aal, so man keine bereits küchenfertigen Filets gekauft hat, filetieren und die Haut entfernen. Dazu braucht man ein gut scharfes, stabiles Messer. Dann die Aalfilets in etwa 1 cm dicke Stücke schneiden, dann in Würfel und in der Suppe ¼ Stunde nur noch leicht köcheln lassen.

Petersilie, Dill und Kerbel klein schneiden, in die Suppe rühren und servieren.

Aal in Weißwein

mit Salbeibutterkartoffeln und Löwenzahngemüse

Zutaten:

700 – 800 g Aal küchenfertig

1 schöne große Staude Löwenzahn (gibt es kultiviert im Frühling und Herbst bei gut sortierten Gemüsehändlern)

10 mittelgroße Kartoffeln

½ Flasche trockener Weißwein

150 g Butter

150 ml Olivenöl + 2 EL für das Gemüse

3 Zehen Knoblauch

4 Salbeiblätter

Gemahlene Graubrotbrösel oder Semmelbrösel zum Panieren

1 TL (Wald-)Honig

2 EL alter Balsamico-Essig

Pfeffer

Salz

Zubereitung:

Den ausgenommenen und gehäuteten Aal waschen und in etwa 5 cm große Tranchen schneiden. Dann salzen und in Weißwein marinieren. Kartoffeln schälen, in 3–4 cm große Stücke schneiden und in Salzwasser 20 Minuten kochen.

In einer Pfanne 150 g Butter und 150 ml Olivenöl erhitzen, die geschälten, halbierten Knoblauchzehen darin leicht goldbraun braten lassen und kurz vor Erreichen der hellbraunen Farbe auch die Salbeiblätter mit dazugeben. Noch knapp 5 Minuten bei ganz kleiner Hitze mitziehen lassen. Dann den Knoblauch und den Salbei herausfischen und einen Teil der aromatisierten Öl-Butter-Mischung, knapp die Hälfte, in eine feuerfeste Form umgießen, den Rest warm stehen lassen.

Den Backofen auf 180° C vorheizen. Die Aaltranchen aus der Marinade heben, leicht abtropfen lassen und in aus trockenem Graubrot hergestelltem Paniermehl wenden; alternativ können Semmelbrösel genommen werden. Die panierten Stücke in die Backform mit der Öl-Butter-Mischung setzen und im vorgeheizten Ofen gut 10 Minuten backen; dann wenden und weitere 10 Minuten backen. Etwa 5 Minuten nach dem Wenden einen Teil der Weißweinmarinade angießen. Ist diese eingezogen, weiter nachgießen bis sie verbraucht ist bzw. das Ende der Garzeit erreicht ist.

Inzwischen das Löwenzahngemüse zubereiten. Dazu den Löwenzahn mit warmem (damit er weniger bitter schmeckt) Wasser waschen und leicht abtrocknen. In 1½ cm breite Streifen schneiden, den untersten Strunk verwerfen, da dieser die meisten Bitterstoffe enthält. In einer Pfanne in Olivenöl anbraten, mit Salz und Pfeffer würzen, 1 TL Honig und 1–2 EL alten Balsamico-Essig darüber gießen, durchschwenken und abschmecken.

Nun sind sicher auch die Kartoffeln gar. Sie werden abgegossen und man lässt sie mit offenem Deckel noch etwas ausdämpfen. Währenddem kann man die aromatisierte Öl-Butter-Mischung nochmals kurz erwärmen, sollte sie inzwischen zu kalt geworden sein, dann wird die Mischung über die Kartoffeln gegossen und mit einer Gabel nur grob in die Kartoffeln eingearbeitet. Die Kartoffeln sollen noch richtig stückig bleiben.

Ein ausgesprochenes Wintergericht, fein und festlich, ist diese Suppe. Wohlig, samtig weich, leicht süß von der Schwarzwurzel, kräftig und rauchig-salzig vom Aal und pfeffrig wärmend von den Gewürzen verwöhnt sie den Gaumen und sorgt für wohlige Sättigung.

Räucheraal-

Schwarzwurzel-Suppe

Zutaten:

400 g Räucheraal

600 g Schwarzwurzeln

¾ l Hühnerbrühe

200 ml Sahne

2 Eigelb

3 kleine, milde, weiße Zwiebeln oder Schalotten

1–2 TL rosa Pfeffer

Piment de Espelette

Salz

1 EL Butter

Milch oder Buttermilch oder auch Saft einer Zitrone zum Einlegen der geschälten Schwarzwurzeln

Zur Dekoration 1 rote Chilischote und 1 kleiner Zweig Bergbohnenkraut, wenn verfügbar

Zubereitung:

Zuerst in einer Schüssel Wasser und Milch oder Buttermilch mischen. Man kann auch statt der Milch den Saft einer Zitrone in das Wasser geben. Die Schwarzwurzel wird, wenn sie geschält ist, sofort rotbraun, später dunkel, und muss daher bis zur Weiterverarbeitung vor diesem Oxidationsprozess geschützt werden.

Die Schwarzwurzeln mehrmals waschen, bis die lehmige Erde entfernt ist. Dann unbedingt Handschuhe anziehen und die Wurzeln mit einem Sparschäler von ihrem schwarzen Mantel befreien. Sofort in die vorbereitete Wasser-Milch-Mischung legen. Zwei schöne, möglichst gleichmäßig dicke, gerade Schwarzwurzeln zurückhalten, die restlichen grob zerteilen und in einen Topf mit der Hühnerbrühe geben. Sie müssen gerade bedeckt sein, sonst noch etwas von der Wasser-Milch-Mischung aufgießen und das Ganze 15 Minuten bei mäßiger Hitze kochen.

Inzwischen den Aal häuten und entgräten und das Fleisch in 1–1½ cm dicke Tranchen schneiden. In einer Pfanne die Butter erhitzen und die Aalhaut und Gräten darin bei mittlerer Hitze ausbraten. Währenddem die kleinen milden Zwiebelchen schälen und würfeln. Die geräucherte Fischhaut und Gräten aus der Pfanne nehmen, die zurückgehaltenen Schwarzwurzeln in schräge ½ cm dicke Scheiben schneiden und in der heißen Butter braun rösten. Sind sie schön braun, wieder aus der Butter nehmen und warm stellen. Zuletzt noch die Zwiebelwürfel in der Butter glasig anschwitzen und zusammen mit der Butter zu der Schwarzwurzelsuppe geben.
Die Schwarzwurzeln dürften inzwischen gar geworden sein. So kann man das Ganze mit einem Pürierstab möglichst fein pürieren und anschließend durch ein Sieb streichen. Die Eigelbe mit der Sahne gleichmäßig verrühren und in die Suppe geben. Sie darf ab jetzt nicht mehr kochen, sondern nur auf kleiner Stufe heiß gehalten werden. Die Suppe sollte jetzt eine schöne samtig-cremige Konsistenz haben. Ist sie zu dick, noch etwas Brühe oder auch Milch zugeben. Dann mit Piment de Espelette, frisch gemörsertem rosa Pfeffer und evtl. noch etwas Salz würzen und abschmecken. Vom geschnittenen Aal ein paar schöne Tranchen zum Dekorieren in den Tellern aufheben, die restlichen Tranchen in die Suppe geben.

In vorgewärmten Tellern anrichten. Ein paar Aalstücke und einige gebratene Schwarzwurzelscheiben oben auf die Suppe legen und mit ein paar kleinen Ringen entkernter Chilischote, einem kleinen Zweig Bergbohnenkraut und ein wenig rosa Pfefferflocken garnieren.

Teiche der Schwandorfer Seenplatte

Oberpfälzer Seenland

Schwandorfer Seenplatte

Begleitet man die Naab vom Regenknie an flussaufwärts Richtung Schwandorf, so liegt östlich das Oberpfälzer Seenland. Es ist mit seinen über 2000 Teichen und etwa 300 Seen das südliche der beiden großen, bedeutenden Karpfenzucht- und -wirtschaftsgebiete der Oberpfalz.
Die Seen sind überwiegend im letzten Viertel des 20., teils sogar erst Anfang des 21. Jahrhunderts entstanden, als der Braunkohleabbau nicht mehr stattfand und die Gruben zu anderer Nutzung mit Wasser befüllt wurden. Die Teichwirtschaft, besonders die Karpfenzucht, jedoch liegt wesentlich länger zurück. Bereits Karl der Große hat durch die Ausweitung seines Reichs auch in der Oberpfalz die Entstehung von Siedlungen angeregt.

Badenixe am Hammersee

Hammersee in Bodenwöhr

Dort, wo wegen der Bodenbeschaffenheit eine landwirtschaftliche Nutzung sehr schwierig war, wurde Teichwirtschaft betrieben. So kam der Karpfen zunächst in die südlicheren, wärmeren Gebiete der Oberpfalz, gewissermaßen als Ersatz des Schweins auf dem Hof oder des Rinds auf der Weide. Die erste große Blütezeit der Teichwirtschaft dürfte allerdings erst im 14. und 15. Jahrhundert gewesen sein.
Der südliche Teil des Seenlandes, das übrigens eines der größten Naturschutzgebiete der Oberpfalz ist, ist die Bodenwöhrer Senke. Sie grenzt an das Regental, das wir ja bereits durchzogen haben, und hat natürlich auch so einiges Besondere zu bieten.
So treffen wir in Bodenwöhr den Hammersee. Er zählt nicht zu den neuen Seen, man geht alten Funden zufolge davon aus, dass er bereits im 12. Jahrhundert existiert hat, und somit ist er eine Ausnahme unter den vielen Seen. Es ist ein sehr fischreicher See, in dem sich nicht nur Karpfen tummeln.
Er bietet vielen Freizeitanglern und auch den Campern, die gerne ihre Zelte dort aufschlagen, die Gelegenheit, ihren Mittagstisch zu decken. Nicht nur vom Ufer aus, auch mit einem Boot – natürlich ohne Motor – darf geangelt werden. Um den ganzen See führt ein bequemer Spazier- und Radweg und wenn man von der Wanderung oder auch von der Fischmahlzeit durstig ist, so kann man sich im direkt am See gelegenen Brauerei-Gasthof ein ganz köstliches Bier gönnen. Es soll das beste Weißbier Bayerns sein, das hier gebraut wird. Ich hab's auch selbst schon gekostet, es hat mir sehr gut gemundet und ich könnte mir vorstellen, dass das gute Wasser, aus dem es gebraut wird, viel zu dem guten Geschmack beiträgt.

Der Zander hat einen ganz feinen Geschmack und zählt absolut zu den Edelfischen, die sich in unseren Gewässern finden. Als Begleitung eignen sich feine Aromen, vielleicht auch ein wenig exotische. Fangen wir doch einmal damit an, ihn mit Tabouleh zu reichen. Gerade jetzt, wo die levantinische Küche groß angesagt ist, sollte man diese köstliche Spezialität kennenlernen. Besonders im Sommer liebe ich sie, denn ich mache sie gerne mit frischen Kirschen statt mit getrockneten Rosinen oder Datteln, wie das im Libanon der Brauch ist.

Zander

mit Tabouleh

Zutaten:

Für den großen Hunger
4 Zanderfilets, als kleine Zwischenmahlzeit genügen 2

Salz, Pfeffer, Orangenabrieb

Etwas Mehl auf einer Platte

Rapsöl und Butter zum Braten

Für die Tabouleh:

1 Tasse Instant-Couscous

150 ml Gemüsebrühe

1 Zweig Honigtomaten

½ rote und ½ gelbe Paprika

1 Maiskolben gegart

1 oder 2 Frühlingszwiebeln, je nach Größe

150–200 g schwarze Herzkirschen

1 Bund glatte Petersilie

½ Bund frische Minze

2 EL Balsamico-Essig

3 EL Olivenöl

1 TL Honig

Ras el-Hanout, Ingwerpulver, Fleur de sel

Zubereitung:

Die Fischfilets waschen und trocken tupfen. Die Hautseite mit Salz und Pfeffer würzen und auf ein Mehlbett legen. In einer Pfanne, sie muss groß sein und dem Fisch genug Spielraum geben, um ihn zu wenden und zu nappieren, Öl und Butter, jeweils etwa gleich viel, erhitzen. Von den Zanderfilets das Mehl gut abklopfen und auf der Hautseite anbraten. Die Oberseite mit Salz bestreuen sowie mit etwas Abrieb einer unbehandelten Orange. Je nach Dicke des Fischfilets dauert es 6–7 Minuten, bis die Fischunterseite schön braun ist. Der Rand des Filets bekommt eine weiße Farbe durch das Garen des Fisch-Eiweißes. Dann noch Butter in die Pfanne geben und aufschäumen lassen, den Fisch wenden, mit der Butter nappieren, nach gut einer Minute wieder wenden und auch die Innenseite nappieren, aus der Pfanne nehmen und servieren.

Zubereitung der Tabouleh:

Den Couscous in der Gemüsebrühe zum Kochen bringen, die Platte abschalten und den Couscous oder auch Bulgur 7 Minuten quellen lassen. Die Mengen- und Zeitangaben mit der Empfehlung auf der Packung vergleichen. Danach die Oberfläche mit einer Gabel aufrauen. Die kleinen Tomaten vierteln, besser achteln, die Paprikas mit einem Sparschäler schälen und in kleine Würfel schneiden, die Maiskörner vom Kolben lösen, die Frühlingszwiebel in kleine Ringe schneiden, die Kirschen entsteinen und vierteln und die Minze und Petersilie klein schneiden. Den Honig im Essig auflösen und das Öl und die Gewürze dazugeben und wie ein Dressing gut vermischen. Das kann man gut in einem alten Marmeladen- oder Gurkenglas tun, denn das kann man gut schütteln und falls ein Rest bleibt, kann man diesen im verschlossenen Glas im Kühlschrank noch einige Tage aufbewahren. Kräuter, Obst und Gemüse zum Couscous geben und mit einem Großteil des Dressings übergießen. Gut durchmischen und die Konsistenz der Masse beachten. Sie soll nicht schwimmen, sondern absolut noch in Förmchen oder Servierringe zum Anrichten gegeben werden können. Die Tabouleh noch ein paar Minuten ziehen lassen, dann verbinden sich die Aromen noch besser.

Dieses Gericht wirkt recht exotisch, ist es aber gar nicht so sehr. Das liegt daran, dass bei uns kaum bekannt ist, dass die Blütenknospen der Taglilien essbar sind. Und wie sie das sind! Sie schmecken richtig gut! Die Okraschote dagegen ist schon etwas exotischer. Sie ist sehr wärmeliebend, rückt aber durch die Klimaerwärmung immer näher zu uns her. Sie ist leider sehr empfindlich und nur ganz wenige Tage lagerfähig, daher findet man sie kaum in Supermärkten. Sie ist sehr gesund und ganz mild, auch wenn sie einer grünen Chilischote recht ähnlich scheint. Diese beiden Zutaten haben zum selben Zeitpunkt Saison und ich liebe sie sehr. Zudem ist es mit dem lieblichen Zander ein Gericht, das sehr schnell zubereitet ist. Eine ganz besondere Zutat ist die gelbe Limone mit dem pinken Fruchtfleisch. Sie hat ein ganz ausgezeichnetes Zitrusaroma. Leider bekommt man sie recht selten, so nehme ich oft die grüne Limette als Ersatz.

Zander

mit Taglilien und Okraschoten

Zutaten:

1 Zander, am besten schon filetiert und entgrätet

Szechuan-Pfeffer und Salz

1 pinkfleischige gelbe Limone, alternativ eine Limette

10 Okraschoten

Salz, Ingwerpulver, etwas (wenig!) Marsala-Gewürz, gemahlene Koriandersaat, Chilipulver

Ca. 20 Taglilien-Knospen

4–5 EL Olivenöl

2 EL Butter

Zubereitung:

Die Zanderfilets waschen und trocken tupfen und in jeweils zwei etwa gleich große Tranchen zerschneiden. Auf der Hautseite mit Salz und Szechuan-Pfeffer würzen, die Fleischseite salzen und mit dem Saft der gelben Limone oder auch der Limette beträufeln. Noch etwas Abrieb der Schale darauf reiben. In einer Pfanne 1 EL Öl und 1 EL Butter bei mittlerer Stufe erhitzen und die Filetstücke auf der Hautseite in die Pfanne legen. Etwa 7 Minuten braten; gegen Ende noch 1 EL Butter dazu geben, die Butter aufschäumen lassen und zuerst auf der Fleischseite nappieren, dann wenden und noch etwa 2 Minuten auf der Fleischseite braten und ruhig auch die Hautseite mit der schaumigen Butter beträufeln. Darauf achten, dass die Haut schön kross ist.

Die Okraschoten an der Blütenseite etwas abschneiden, als würde man einen Bleistift spitzen, nicht weiter schneiden, sonst tritt zu viel des klebrig-schleimigen Saftes aus. In einer Pfanne Öl erhitzen. Die Okraschoten schräg in etwa 1 cm breite Scheiben schneiden und in das heiße Öl geben; mit Salz und den Gewürzen bestreuen und in der Pfanne durch mehrmaliges Schwenken oder Umrühren wenden, bis sie beidseits leicht braun geröstet sind.

In einer weiteren kleinen Pfanne 1 EL Olivenöl erhitzen und die Blütenknospen der Taglilien darin etwa zwei Minuten braten. Man kann sie leicht salzen, weiteres Gewürz brauchen sie nicht, sie bringen selbst ein leicht pfeffriges Aroma mit.

Schon kann man anrichten und genießen.

Boot im Hammersee

Fahren wir weiter zu einem der am östlichsten gelegenen Seen des Oberpfälzer Seenlands, so kommen wir vorbei an Trockenkiefernwäldern, die bei einem Spaziergang auch die Wärme empfinden lassen, die über dieser Senke liegt. An einigen Stellen der Straßenböschungen erscheint das Gestein kalkhaltig mit einer ganz typisch darauf hindeutenden Flora. Es erzählt uns etwas von der Geschichte eines Meeres, das in Urzeiten einmal hier den Boden bedeckte. Eine weitere recht große geologische Besonderheit, der Pfahl, ein reiner Quarzfelsen, zieht sich vom Bayerischen Wald herkommend durch fast das ganze Seenland. Er tritt hier aber kaum zu Tage, vielleicht stammen die Kieselsteine an den Seeufern von ihm.

Mit dem Blick auf den Eixendorfer Stausee ändert sich das Landschaftsbild. Die Kiefern weichen Fichten und Tannen, der Boden wird sauerer und granithaltiges Urgestein bestimmt die Landschaft. Der Eixendorfer See dient natürlich in erster Linie der Wasserregulierung, wie so viele Stauseen, denen wir entlang der tschechischen Grenze begegnen werden, daneben an seiner Talsperre, die 1975 fertiggestellt wurde, der Stromgewinnung und als Erholungs- und Freizeitgebiet. Natürlich kommt dabei das Angeln nicht zu kurz, denn in dem frischen, kühlen Wasser tummeln sich alle möglichen Fischarten.

Angestaut ist hier die Schwarzach, ein kleiner Grenzgängerfluss, der (wie auch der Chamb, ein Nebenfluss des Regen) in Tschechien entspringt. Sie durchfließt bereits vor dem Eixendorfer Stausee schon zwei kleine Seen, den Perlsee und den Silbersee, und trennt den Oberpfälzer Wald vom nördlichen Bayerischen Wald. Das lässt sich sehr gut an der Landschaft

Eixendorfer Stausee

erkennen. Die Berge werden niedriger, der Wellenverlauf am Himmel sanfter. Die Flora weist immer mehr auf saure Böden hin, daher werden die Wälder zunehmend von der Fichte dominiert. Auch der Menschenschlag wird etwas anders, mehr Oberpfälzer, weniger Waldler, was sich auch an der Sprache feststellen lässt. Das breitere Niederbayerische „oa" weicht dem Oberpfälzischen „oi" oder „ou", und hier ist man dann zum Beispiel „dahamm" und nicht „dahoam".

Das Wasser der Schwarzach wurde bis etwa zum Zweiten Weltkrieg nicht alleine wegen der Fische genutzt. Im Schwarzach-Tal gab es sehr viele Mühlen und auch Sägen, um das aus dem waldreichen Oberpfälzer Wald kommende Holz zu bearbeiten, es gab Hämmer, um Stahl zu schmieden, und es gab Glasschleifen und Glaspolieren. Gerade das Glas, sowohl als Tafelglas für Fenster, Türen und Dächer als auch als Kristall für Trinkgläser, Vasen, Schalen, Lampen und Schmuck, stellt einen Hauptwirtschaftspunkt der östlichen Oberpfalz dar und zieht sich noch weit bis über das Fichtelgebirge hinaus nach Norden. Wir werden ihm häufig begegnen.

Baum mit Kormoranen

Die Schwarzach strebt nach Westen zur Naab in einem sehr romantischen Tal, das zum Wandern und Waldgenießen einlädt und natürlich auch zum Angeln. Bei Neunburg vorm Wald trägt es den Namen Murnthal. Bei Schwarzenfeld mündet die Schwarzach in die Naab. Sie begrenzt die Oberpfälzer Seenplatte im Norden und besonders entlang ihres letzten Laufs erstreckt sich das Hauptgebiet der Fisch- und Teichwirtschaft.

Manch nackter, verkalkter Baum lässt erkennen, dass sich die Kormorane gerne am Ertrag der Teichwirte beteiligen. Sie genießen hier wegen des Vogelschutzgebietes einen besonderen Schutz und bereiten den Teichwirten oft großes Kopfzerbrechen, viel mehr als der selten gewordene Fischadler, der sich seit Kurzem zur großen Freude der Ornithologen dort niedergelassen hat.

Natürlich ist der Hauptakteur der Teichwirte der Karpfen. Der Schwarzenfelder Karpfen hat unter den Fischzüchtern einen großen Namen und große Bedeutung. Seine Setzlinge wurden in der großen Stiftland-Seenplatte eingesetzt und zur Weiterzucht verwendet. Auch im Aischgrund, einem weiteren bedeutenden Karpfenwirtschaftsgebiet Bayerns, im der Oberpfalz benachbarten Mittelfranken gelegen, ist der Schwarzenfelder Karpfen die Hauptkarpfenart. Dort hatten nämlich die Teichwirte sehr mit einem krankhaften Karpfensterben zu kämpfen und fanden Hilfe durch die Schwarzenfelder Karpfensetzlinge.

Schwanenkonferenz im Eselweiher bei Teublitz

Nicht zuletzt deswegen möchte ich an dieser Stelle die feinen fränkischen Karpfenrezepte einfügen. Es gibt noch einen weiteren Grund: Das Klima und besonders die Wärme sind hier der fränkischen Region viel ähnlicher als das im rauen, kalten Klima des Stiftlands der Fall ist. Zudem ist der Boden hier weniger sauer und fruchtbarer, auch das ähnelt mehr dem Aischgrund als dem Stiftland. Diese Begebenheiten wirken sich auch mit auf den Geschmack und den Zustand des Fischfleisches aus und so kann man hier, so denke ich, das Optimale an Geschmack herausholen.

Für die vielen Sportangler und Freizeitfischer, die an den Seen ihrem Hobby nachgehen, habe ich mir den wunderbaren Speisefisch Zander ausgedacht. Ein Raubfisch, der sich hier von der Vielfalt vieler kleinerer Fische ernähren kann und, an die Angel gegangen, ein Festmahl bietet.

Abenddämmerung an der Naab

Karpfen gebacken

Fränkische Art

Der gebackene Karpfen ist schon beinahe etwas wie ein Nationalgericht in Mittelfranken. Wer ihn einmal genossen hat, versucht ihn wieder zu bekommen oder ihn nachzumachen. Jedoch erscheint es kaum möglich, den Geschmack des Aischgrunder Karpfens zu erreichen. Hier in der Oberpfalz haben wir dennoch die besten Voraussetzungen dazu, haben doch die Seen und Weiher der Schwandorfer Seenplatte einen ähnlichen geologischen Untergrund. Durch die längere Sonneneinstrahlung und die geringere Zahl der Regentage ist das Wasser wärmer und die klimatischen Bedingungen ähneln denen des Aischgrunds. Der genetische Ursprung ist ohnedies der gleiche, wurden ja wegen einer Krankheit der Aischgrunder Karpfen die Teiche dort mit dem unempfindlicheren Schwarzenfelder Karpfen besetzt.
Auch der Stiftland-Karpfen wurde und wird natürlich paniert zubereitet. Diese kargere, eher ärmliche Gegend im Vergleich zur Handelsstadt Nürnberg und deren Umgebung verlangte aber mehr Sparsamkeit. So kam Karpfenfleisch selbst bei den Teichwirten nur an Feiertagen auf den Tisch und wurde nicht in schwimmendem Fett, sondern mit wesentlich weniger Fett in der Pfanne gebraten. Zur Zubereitung des Fischs braucht es nur wenige Zutaten.

Zutaten:

4 Fischfilets mit Schwanzflosse (das kann der erfahrene Wirt oder Teichwirt gut machen, denn beim Zerteilen muss die Schwanzflosse mit durchgeschnitten werden, sodass beide Filets die Flosse haben; dadurch wird sie richtig knusprig beim Braten und kann mitgegessen werden)

Salz

Mehl und Semmelbrösel zum Panieren

Butterschmalz und/oder Frittieröl zum Ausbacken

Zubereitung:

Den Fisch unter fließendem Wasser kurz abspülen und vorsichtig abtupfen; gut salzen und beidseitig in Mehl wenden, das überschüssige Mehl abklopfen. Eine große Schale mit Wasser füllen und den bemehlten Karpfen durch das Wasser ziehen, wie man das sonst beim Panieren von einem Schnitzel mit einem verklöppelten Ei macht. Dann den Karpfen in Semmelbrösel wenden, leicht andrücken und die überschüssigen Brösel ebenso abklopfen. In der Fritteuse oder in einer Pfanne mit gut Butterschmalz oder auch einer Mischung aus Butterschmalz und Pflanzenöl ausbacken. Das Fett muss heiß sein, damit sich die Panierung nicht zu stark vollsaugt. Man kann das gut testen, indem man den Stiel eines hölzernen Kochlöffels in das heiße Fett stellt. Bilden sich am Stiel Bläschen, hat das Fett genügend Hitze. Je nach Größe und Dicke brät man das Filet 5–7 Minuten, bis es schön goldgelb ist, dann wird es gewendet und die zweite Seite goldgelb gebacken. Das geht meist etwas schneller. Den Fisch dann herausnehmen und kurz auf Küchenkrepp legen.

Als Beilage wird klassisch Kartoffelsalat gereicht, aber unbedingt ohne Mayonnaise, das wäre ein Fauxpas. Für einen bayerischen Kartoffelsalat gibt es natürlich eine Vielzahl an Rezepten; hier nur ein Vorschlag …

Kartoffelsalat

Zutaten:

1 kg vorwiegend festkochende Kartoffeln

2 mittelgroße rote oder weiße Zwiebeln

4 Essiggewürzgurken

¼ l Geflügel- oder Gemüsebrühe

2 EL Weinessig

Salz

Pfeffer

4 EL feines Rapsöl

Frische Kräuter nach Belieben

Zubereitung:

Die Kartoffeln 30 Minuten in Salzwasser kochen; dabei ist es ratsam, dem Kochwasser ein paar Körner Kümmel zuzugeben, dadurch wird die Kartoffel bekömmlicher. Nach dem Abseihen die Kartoffeln noch einige Minuten ziehen und etwas abkühlen lassen. Die Kartoffeln schälen und in etwa ½ cm dicke Scheiben schneiden. Die Zwiebeln schälen, klein würfeln und in der Geflügel- oder Gemüsebrühe 2 Minuten blanchieren. Die Brühe mit Salz abschmecken und noch heiß mit den Zwiebelwürfeln über die Kartoffeln gießen. Die Gewürzgurken in Scheiben schneiden, mit zu den Kartoffeln geben und einen Teil des Gurkensuds mit 1–2 EL Weinessig versetzen, über den Salat gießen und alles gut vermischen. Verkosten, ob die Säure und das Salz so passen und eventuell ausgleichen. Pfeffer aus der Mühle über den Salat reiben und 3–4 EL Öl darübergießen, gut einarbeiten und nochmals abschmecken.

Der Salat wird am besten noch warm serviert. Wenn man will und hat, kann man noch frische Gartenkräuter darangeben.

Zum Fisch servieren und wer will, kann wie beim Schnitzel noch eine Zitronenspalte an den Fisch legen, die passt sehr gut.

Karpfen im Bierteig

mit Endivien-Kartoffel-Salat wie von Oma

Zutaten:

4 Karpfenfilets, geschröpft

Salz

Für den Teig:

150 g Mehl

50 g Speisestärke

½ TL Salz

1 Ei

150 ml Bier

Abrieb einer Zitrone + ein paar Tropfen Saft

Mehl zum Wenden

Butterschmalz zum Ausbacken

Zubereitung:

Zuerst den Bierteig zubereiten, damit er etwas anziehen kann. Das Mehl mit der Speisestärke und dem Salz vermischen, das Bier dazugießen, keine allzu bittere Sorte verwenden. Ich nehme sehr gerne ein dunkles Zoigl, das passt vom Geschmack her sehr gut.

Die Karpfenfilets unter fließendem Wasser abspülen und gut abtropfen lassen, ganz leicht trocken tupfen. Dann salzen und in Mehl wenden. Das Butterschmalz in der Pfanne heiß werden lassen, die Karpfenfilets durch den Bierteig ziehen und von beiden Seiten bei mittlerer Hitze schön braun ausbacken.

Endivien-Kartoffel-Salat

Zutaten:

1 Kopf Endiviensalat

600 g gekochte Pellkartoffeln, gehen auch gut vom Vortag

2 Zehen Knoblauch

100 ml Walnuss-Öl

3 EL Walnuss-Essig

1 EL Honig

1 TL Salz

Zubereitung:

Den Salat gut waschen, er ist gerne etwas sandig, und nur leicht abtropfen lassen. Die Knoblauchzehen schälen und die Salatschüssel mit einer Zehe gut ausreiben. Die restliche und die zweite Zehe ganz klein würfeln. Sollte ein großer Keim im Inneren der Knoblauchzehen sein, diesen vorher entfernen. Die Kartoffeln schälen und in Scheiben in die Salatschüssel schneiden. Zwei Kartoffeln nur grob zerschneiden und zusammen mit dem Knoblauch in einen Mixbecher geben. Honig, Salz, Walnuss-Essig und Walnuss-Öl mit dazugeben und mit einem Mixstab zerkleinern und aufmixen. So entsteht ein schön sämiges Dressing, das sich gut um die Salatblätter legt. Das Dressing noch abschmecken. Die Salatblätter in knapp 1 cm breite Streifen schneiden, zu den Kartoffeln in die Salatschüssel geben, mit dem Dressing übergießen und gut durchmischen.

Gerade zur Kirchweihzeit, wenn der Karpfen so richtig fein schmeckt und noch die ganze Kraft des Sommers hat, schmeckt auch das Bier besonders gut dazu. Die Bitterstoffe des Biers machen Appetit und helfen beim Verdauen. So passt es auch gut, den Karpfen gleich in einem Bierteig auszubacken. Dazu passt ein Endiviensalat, der auch Bitterstoffe hat, und somit bleibt nichts schwer im Magen liegen und die Laune bleibt bestens.

Hirschwald

westlich der Naab

Betrachten wir die Landschaft gegenüber der Schwandorfer Seenplatte, westlich der Naab gelegen, so treffen wir auf ein vollkommen anderes Bild. Die vielen Seen und Teiche fehlen, wenngleich natürlich auch hier der eine oder andere Fischweiher zu finden ist. Die Romantik der Landschaft ist nicht ganz so still und zurückgezogen, keine so herbe Schönheit wie der Osten, sie ist vielleicht etwas lieblicher und sie ist sehr präsent. Selbst die Flora erweckt den Anschein, als wäre sie bunter und lauter oder auch deutlicher, nicht so rätselhaft und verschwiegen.

Der größte Teil dieser Region wird vom Naturpark Hirschwald eingenommen. Dessen westliche Grenze bildet die Fränkische Alb und hier liegt auch die Erklärung für das andere Landschaftsbild. Der Fränkische und der Oberpfälzer Jura bestehen aus Kalk und Kreide und sind nicht annähernd so wasserreich wie der Bayer- und Böhmerwald, die den Osten der südlichen bis mittleren Oberpfalz mit Wasser versorgen. Der kalkhaltige Grund ist nicht sauer, eher basisch, und bringt eine ganz andere Flora hervor, die wir im Osten nur selten antreffen. Zwei Fließge-

Amberg – die Vils durchfließt die sogenannte Stadtbrille

Foto: Adobe Stock, by-studio

Kallmünz – hier mündet die Vils in die Naab

wässer sind besonders prägend und bestimmend für den Hirschwald, das ist die Vils, deren Nebenflüsschen aus dem Jura den Norden, nahe Amberg, begrenzen und die selbst, nach Süden fließend, die Ostgrenze bildet. Sie nimmt bei Schmidmühlen die Lauterach auf, deren hübsches Tal den Süden des Hirschwalds begrenzt. Zusammen fließen beide dann noch ein paar Kilometer südlich, um beim romantischen Ort Kallmünz in die Naab zu münden. Die aus dem Jura quellende Lauterach wie auch die Vils besonders im nördlichen Teil des Hirschwalds lassen so manchen Anglers Herz höherschlagen, denn sie führen Forellen ganz besonderer Güte und besonders feinen Geschmacks. Auch die Schwarze Laber, die noch etwas weiter südlich ein hübsches Tal durchzieht, kann hier mithalten. Ich denke, das liegt an der Beschaffenheit des Wassers, das den Forellen hier den besonders feinen Geschmack angedeihen lässt. Meine Vermutung basiert auf der Erfahrung, dass ich selbst die besten Forellen, die ich je gegessen habe, in der nahe gelegenen Fränkischen Schweiz bekommen habe.
Es war egal, auf welche Art oder von welchem Koch zubereitet, sie waren einfach unglaublich fein. Daher vermute ich, dass das Gestein, dem diese Gewässer entspringen, für diese Eigenschaften verantwortlich ist.
Der feine Geschmack dieser Forellen hat mich auch dazu bewogen, hier zwei besonders feine, zarte Forellenrezepte auszuwählen, einmal für den Frühling, einmal für den Spätsommer.

Forellenfilet

mit Austernpilzen und Veilchen

Eine schöne Vorspeise oder ein schönes Zwischengericht. In die zarten Aromen der Pilze, des frischen Fisches und des leichten Weines fließt der Duft der Veilchen. Man kann den kaum vergangenen Winter noch schmecken, aus dem der Frühling mit Zartheit, Licht und Leichtigkeit hervorgeht und unseren Gaumen verwöhnt.

Zutaten:

400 g kleine Austernpilze

4 Forellenfilets

500 ml Geflügel- oder Gemüsebrühe

300 ml Weißwein (Riesling oder Müller-Thurgau)

2 Schalotten

1 Stück Meerrettichwurzel

1 gehäufter EL Puderzucker

100 ml Sahne

100 g Butter

Ca. 30 Märzveilchenblüten

Schnittlauch nach Belieben

Zubereitung:

Die Forellenfilets waschen. Mit der Fingerspitze nach stärkeren Gräten tasten und diese mit einer Pinzette ziehen. Die Haut ablösen; dazu am Schwanzende einen kleinen Schnitt setzen, das Ende mit einem Küchentuch festhalten und mit einem scharfen Messer vorsichtig an der Haut entlangfahren.

Die Austernpilze vom Stock abschneiden und anhaftende Verunreinigungen abbürsten. Möglichst kleine Pilze verwenden, damit sie gar werden; größere Pilze klein schneiden. Die Schalotten schälen und klein würfeln. Die Butter in etwa 1 cm dicke Täfelchen schneiden und wieder kaltstellen. In einem weiten Topf die Geflügelbrühe zum Kochen bringen und die Pilze darin 3–5 Minuten garen. Dann etwa die Hälfte des Weins zugießen und die Hitze wegnehmen. Wenn die Flüssigkeit nicht mehr sprudelt, sondern nur noch leicht simmert, die gesalzenen Forellenfilets einlegen. Je nach Größe 6–7 Minuten gar ziehen. Sobald sich die Filets weiß verfärben, zusammen mit den Pilzen herausnehmen und warm stellen. In einer Kasserolle lässt man den Puderzucker schmelzen, dabei darauf achten, dass er nicht braun wird. Sofort wenn er beginnt flüssig zu werden, die Schalottenwürfelchen zugeben und kurz glasig schwitzen lassen. Mit dem restlichen Wein ablöschen und reduzieren lassen; dann noch zwei Schöpflöffel des Pilz-Fisch-Suds angießen und weiter reduzieren. Inzwischen den Meerrettich reiben, es sollten etwa 4 gehäufte EL voll feiner Späne sein. Die Sahne der Reduktion beifügen, kurz weiterkochen und anschließend mit einem Mixstab die Butterstückchen der Reihe nach einarbeiten. Je nach Bindung ist es gut möglich, dass nicht die gesamte gekühlte Butter benötigt wird. Den Meerrettich zugeben und die Sauce mit Salz und gegebenenfalls etwas Zucker abschmecken. Zuletzt die Veilchenblüten zugeben und die Pilze mit dem Fisch und der Sauce anrichten. Wenn man möchte, kann man noch ein paar Schnittlauchröllchen über die Filets streuen.

Foto: Maria Flor

Lachsforelle

auf Wildreis mit Granatapfel-/ Kornelkirschen-Sauce

Zutaten:

4 Lachsforellenfilets

2 Tassen schwarzer Wildreis

350 ml Weißwein, z. B. Riesling

1 Handvoll Kornelkirschen, alternativ 4–5 EL Granatapfelkerne

3 Blätter Zitrusduftgeranien, alternativ Saft und Abrieb einer ½ unbehandelten Zitrone

1 TL Butterschmalz

40 g kalte Butter in Stücke geschnitten

Ca. 3 EL Zucker, je nach Bedarf, abhängig von der Säure der Früchte und des Weins

½ TL Ingwerpulver

Pfeffer aus der Mühle

Meersalz

Zubereitung:

Die Forellenfilets entgräten und die Haut abziehen. Auf eine Platte legen, leicht salzen und mit Weißwein übergießen. Bis zum Weiterverarbeiten beiseite stellen.

Aus der Haut knusprige Chips herstellen, indem man sie in 2 ½ bis 3 cm breite Streifen schneidet und in einer Pfanne in heißem Butterschmalz kross anbrät. Damit die Chips sich nicht aufwölben und schön glatt bleiben, stellt man eine etwas kleinere Bratpfanne zurecht und beschwert damit die Hautstückchen sofort nach dem Einlegen. Nach 2–3 Minuten die zweite Pfanne entfernen und die Hautteile mit einer Pinzette oder kleinen Zange wenden. Sie sollten bereits kross sein. Auf der anderen Seite kurz braten, nur solange das Würzen mit Salz und Pfeffer dauert, dann die Stückchen auf Küchenkrepp ablegen.

Nun den Wildreis zusetzen, dazu pro Menge Reis die 1½fache Menge Wasser zugießen und zum Kochen bringen. Sobald der Reis richtig kocht, abschalten und ohne weitere Hitze gar ziehen lassen. Dabei den Deckel unbedingt geschlossen lassen.

Nun wird die Sauce zubereitet. Dazu die Kornelkirschen leicht andrücken oder anschneiden, damit der Saft besser entweichen kann, und in einer Kasserolle mit Weißwein (z. B. Riesling) und Fischfond 10 Minuten leicht kochen. Mit Zucker, Salz und Ingwerpulver würzen. Am Ende der Garzeit 2 oder 3 Blätter von der Zitrusduftgeranie hineinlegen und noch 3 Minuten ziehen lassen oder alternativ etwas Zitronensaft und Zitronenabrieb dazutun. Dann durch ein feines Sieb seihen und noch etwas reduzieren.

Inzwischen die Forellen in einem Dampftopf auf das Gitter legen und 7–8 Minuten, je nach Größe, garen. Solange die Forellen dämpfen, die Sauce abschmecken und mit dem Mixstab die kalte Butter einmontieren.

Die Forellen auf den Wildreis betten, die Hautchips einsetzen und die Sauce anfügen. Man kann auch gerne noch ein paar Granatapfelkerne mit dazugeben.

So man sie parat hat, kann man einige kleine Dillzweige anlegen, sie dienen nicht nur der Dekoration, sondern runden die Aromen des Gerichts schön ab.

In so einem Sößchen ist die muntere Lachsforelle sicher noch nicht geschwommen. Eine wunderbare, leicht verträgliche Speise, die man auch bei einem sehr späten Dinner zu sich nehmen kann.

Hirschwald-Ranger beim
Entleeren der Reuse

Der amerikanische Signalkrebs verdrängt unsere einheimischen Flusskrebse

In der Vils im Hirschwald tummeln sich aber nicht nur die munteren Forellen, sondern sehr viele Krebse und diese entwickeln sich nicht nur hier, sondern allmählich in der gesamten Oberpfalz zu einem richtigen Problem. Es handelt sich fast ausschließlich um amerikanische Signalkrebse. Sie sind Einwanderer, die unsere heimischen Edelkrebse durch Übertragung der Krebspest, gegen die sie selbst immun sind, fast vollkommen ausgerottet haben. Sie selbst aber scheinen keine Feinde zu haben und sind zudem auch aggressiv gegen andere Krebsarten.

Von den Signalkrebsen bleibt nach dem Ausbrechen noch weniger Krebsfleisch übrig als schon von den Edelkrebsen und sie sind diesen auch geschmacklich sehr unterlegen. Dennoch sind sie essbar und eignen sich auch zur Herstellung von Krebsbutter und Krustentierfond.

König Ludwigs Leibgericht, das Hechtkraut, das ich hier vorstelle, wird der Märchenkönig, selbst ein begeisterter Angler und ein großer Gourmet, vermutlich noch mit Krebsbutter aus heimischen Edelkrebsen gegessen haben, wenngleich die Krebspest bereits 1860, also etwa in der Mitte seiner Lebenszeit, über Europa zog und die damals in fast allen bayerischen Gewässern vorkommenden Edelkrebse weitgehendst zunichte machte.

Östlich des Hirschwalds, zwischen Vils und Naab gelegen, hat sich ganz still in Corona-Zeiten scheinbar für die Gourmets der Oberpfalz ein kleines Zentrum gebildet. Die kleinen Orte Fensterbach und Schmidgaden liegen ganz nah beisammen. Es gibt einen Damwildhof mit Damwildspezialitäten, es werden Oberpfälzer Trüffel gezüchtet und seit kurzer Zeit hat der Produzent des Oberpfälzer Kaviars „Bavaria Superior Caviar" seinen Verkauf von Plößberg nach Schmidgaden verlegt, näher an den bei Nabburg gelegenen Weihern, in denen die Störe aufwachsen.

Hechtkraut

aus König Ludwigs Fischerhütte

König Ludwig war, so schreiben seine Chronisten, ein begeisterter Angler. Er aß auch gerne Fisch, was man wohl seinem feinen Geschmackssinn zuschreiben kann, gleichwohl es natürlich auch seinen sehr schlechten Zähnen zugesagt werden kann, lässt sich das zarte Fischfleisch doch auch gut mit der Zunge zerdrücken.
Das Hechtkraut wird als eines seiner Lieblingsgerichte beschrieben, wobei ich mir vorstellen könnte, dass es in dieser rustikalen Art eher in einer seiner Fischerhütten verzehrt wurde als auf einem seiner Märchenschlösser, wo er von Theodor Hierneis das Menü vorgeschlagen bekam und wo die Speisen sehr edel und eher von französischem Einfluss geprägt zubereitet wurden.

Zutaten:

600 g Hechtfleisch

400 g Sauerkraut (Weinkraut)

500 g Kartoffeln mittelfestkochend

100 g Crème fraîche, alternativ Sauerrahm

Salz, Pfeffer aus der Mühle

Für die Bechamel:

1 EL Butter

1 knapper EL Mehl

125 ml Milch

Semmelbrösel zum Aufstreuen

Butterflocken aus Krebsbutter oder alternativ Süßrahmbutter zum Aufsetzen

Zubereitung:

Die Kartoffeln in Salzwasser, dem auch etwas Kümmel beigegeben wurde, 30 Minuten kochen, abseihen, nur kurz nachdämpfen lassen, schälen und noch heiß durch eine Kartoffelpresse drücken.

Das Hechtfleisch wird entgrätet und in große Würfel geschnitten. Das Sauerkraut wird mit den zerdrückten Kartoffeln und der Crème fraîche gut vermischt und das Hechtfleisch dann mit untergehoben. Mit Salz und frisch gemahlenem Pfeffer würzen.

In einer Pfanne lässt man die Butter ganz leicht braun werden, rührt das Mehl unter und gießt die kalte Milch an. Man muss dann bis zum Aufkochen gut rühren, dass eine glatte Bechamelsoße entsteht.

Eine feuerfeste Form mit Butter ausstreichen, die Hechtmasse hineinfüllen, die Bechamelsoße darüber gießen. Dann streut man Semmelbrösel darüber, setzt Krebsbutterflocken – oder einfach nur Butterflocken – darauf und gart das Ganze 25 Minuten lang im Ofen bei 180° C.

Stör-Kaviar

Wodka

Ein äußerst elegantes Rezept, das ich meiner Freundin, der großen Star-Köchin Lea Linster abgeschaut habe. An der Komposition und der wunderbaren Harmonie der Aromen erkennt man, warum sie, bisher noch immer als einzige Frau, den Bocuse d'Or gewonnen hat. Sie findet übrigens unseren Oberpfälzer Kaviar, den ich sie schon kosten ließ, sehr gut.

Zutaten:

50 g Malossol Kaviar Bavarian Superior

40 g geräucherter Stör oder, da dieser nicht immer erhältlich, geräucherter Lachs

8 frische mittelgroße Eier

40 g Butter zimmerwarm

80 ml Sahne

20 ml Wodka

Etwas Fleur de Sel

Ein kleiner Spritzer Zitronensaft

Zubereitung:

Die Sahne steif schlagen, mit Fleur de Sel, Wodka und ein paar Tropfen Zitronensaft vermengen und kalt stellen.

Den Fisch in kleine Würfelchen schneiden und ebenso kalt stellen.

Einen Topf, auf den man eine Rührschüssel aufsetzen kann, etwa ⅓ mit Wasser füllen und das Wasser bis zum leichten Sieden bringen. Die Eier in die Schüssel schlagen und über dem Wasserbad schaumig rühren, dabei etwas salzen und wer mag kann auch noch einen Hauch Piment de Espelette dazugeben. Sobald das Ei dicklich wird, sofort vom Wasserbad nehmen, weiterrühren und dabei die Butter in Anteilen einarbeiten. Ist das Ei etwas klumpig, sollte man es durch ein Sieb streichen, damit es samtig-cremig wird.

Schon kann man anrichten. Möglichst schnell servieren, denn das Ei soll noch warm, die anderen Zutaten sollen aber eisig kalt sein.

Also zuerst die Fischwürfelchen, dann das Ei darauf, dann die Wodkasahne und on top den Kaviar.

Foto: Maria Flor

Oberpfälzer Kaviar

liebt Oberpfälzer Kartoffel

Wenn der feine Kaviar aus dem Stör, der in Oberpfälzer Wässern geschwommen ist, zur Kartoffel trifft, die in Oberpfälzer Boden gewachsen ist, kann es nur zu einer wunderbaren Liaison kommen, die alle Sinne trifft und ein Entree für ein Festmahl bietet, wie es in St. Petersburg nicht erhebender hätte sein können.

Zutaten:

500 g feine halbfestkochende gelbfleischige Kartoffeln

1 Dose Kaviar 50 g

200 ml Crème fraîche

1 Stück Meerrettichwurzel

1 Bio-Zitrone, davon Saft + Abrieb

Meersalz, Kümmel

1 Blatt frisches oder getrocknetes Liebstöckel

Kressesprossen

Zubereitung:

Die Kartoffeln in der Schale 30 Minuten kochen. Dem Kochwasser 1 TL Salz, 1 TL Kümmel und Liebstöckel beigeben.

Den Meerrettich knapp 10 cm lang abschälen und mit einer feinen Reibe in eine Schüssel reiben. Das macht man am besten im Freien auf Balkon oder Terrasse, um die Augen zu schützen. Unter den geriebenen Meerrettich sofort etwas Zitronensaft mischen, damit er weiß bleibt und keine graue Farbe annimmt. Die Crème fraîche dazugeben, etwas Zitronenabrieb darüber reiben, alles gut vermischen und kalt stellen.

Wenn die Kartoffeln gar sind, das merkt man, wenn man sie ansticht, abseihen und mit geschlossenem Deckel noch 2 bis 3 Minuten nachziehen lassen. Solange kann man den Meerrettichdip nochmals verkosten und testen, ob der Geschmack des Meerrettichs und seine Schärfe passen. Er soll dezent aber doch präsent sein. Sonst mit Meerrettich oder Crème fraîche nachjustieren.

Die Kartoffeln schälen und noch heiß durchpressen. Am besten gleich die Portionen auf die Teller verteilen. Ich habe dazu einen Servierring vor die Presse gesetzt.

Mit dem Meerrettichdip und dem Kaviar belegen und mit ein paar Kressesprossen, die auch geschmacklich sehr gut dazu passen, garnieren.

Foto: Maria Flor

Abendstimmung bei Fensterbach

Der Oberpfälzer Wald

Der Oberpfälzer Wald, ein Grenzgebirge von Tschechien und Oberpfalz, zieht sich vom Bayerischen Wald entlang der mittleren und nördlichen Oberpfalz bis hinauf zur Stiftländer Seenplatte und ins Egerland. Es ist, wie schon erwähnt, ein sehr wasserreiches Gebirge, geprägt von sanften, mit Nadelbäumen bewaldeten Hügeln. Die Landschaft wird dem Betrachter sehr schön erschlossen durch die B 22. Früher nannte man sie Ostmarkstraße; sie wurde von Adolf Hitler als strategisch wichtige Straße erbaut und führte von Passau bis Weiden und anschließend über die heutige B 15 bis Hof.

Eine ganz bedeutende Rolle spielt in dieser Landschaft die Landesgrenze, die von Süden bis Norden mitten durch dieses Gebirge verläuft. Sie hat den gemeinsamen Kulturraum sehr lange und besonders hart durch den sogenannten Eisernen Vorhang durchtrennt. Kultur und wirtschaftliche Existenz basieren hier ganz besonders auf den landschaftlichen Besonderheiten dieser Region, von der mineralischen Bodenbeschaffenheit und dem Holz- und Wasserreichtum. Ein Beispiel dafür, die Glasherstellung, wurde ja im Kapitel Oberpfälzer Seenplatte bereits erwähnt.

Ein Kulturaustausch oder kulturelles Zusammenleben war zur Zeit des Eisernen Vorhangs so gut wie gar nicht möglich. Der geringste Grenzübertritt, auch nur Zentimeter oder im Winter durch den Schnee vielleicht gar nicht erkennbar, wurde mit Haft bestraft. Ein Austausch der zivilen Bevölkerung war vollkommen unmöglich. Das Beste war, den Feind nicht zu reizen, sich nicht zu mucksen, denn man musste ja auch noch um die Energiezufuhr bangen, die durch das Wasser aus dem Osten kam. Heute versucht man das durch große Projekte kultureller Zusammenarbeit wieder wettzumachen. Das „Centrum Bavaria Bohemia" in der Grenzstadt Schönsee zeugt davon. Schönsee hat noch eine weitere Besonderheit zu bieten, nämlich seine Klöppelspitzen, die eine hervorragende Qualität besitzen. Das Handwerk, oder besser die Handarbeit, besitzt in dieser Region eine lange Tradition und in Schönsee, Stadlern und Tiefenbach existierten sogar Klöppelschulen.

Nahe Schönsee, in Lindau, liegen die Fischweiher und das Restaurant des Weiherblasch. Ruhe, Stille, Wald und Natur pur kann man hier genießen. Mit viel Liebe und Sachverstand pflegt Johann Kraus seine Fische, überwiegend Saiblinge und Forellen, und ich kann mir keinen besseren Saibling denken, als einen frisch aus seinem Weiher, geschmeidig auf der Zunge, sauber, rein und klar im Geschmack. Bekommt man ihn auch noch von ihm zubereitet, einem der besten Köche der Oberpfalz, und von seiner Frau professionell serviert mit einem schönen Schluck Wein, so darf man sich schon zu den vom Glück besonders privilegierten Menschen zählen.

Lindau bei Schönsee

Räuchern von Forelle, Saibling & Co

über das Räuchern

Das Räuchern von Fischen ist natürlich von größter Bedeutung für das Haltbarmachen. Es ist ein recht altes Verfahren und kann sich wunderbar behaupten neben dem Frosten, das ja inzwischen so gut wie in jeden Haushalt Einzug gefunden hat. Sicherlich hat das auch damit zu tun, dass der Rauch dem Fisch ein ganz spezielles Aroma verleiht und somit das Gericht einen besonderen Charakter bekommt. Ein geräucherter Fisch ist einfach eine eigene Spezialität.
Nicht zuletzt mit dem großen Einzug des Grillens bei unserer Essenszubereitung hat auch das Selbsträuchern zu Hause an Bedeutung zugenommen. Die Vielfalt der Räucheröfen und Smoker-Grills ist inzwischen enorm groß und in allen Preisklassen vorhanden; natürlich gibt es auch Modelle zum Selbstbasteln.
Die verschiedensten Hölzer zum Räuchern und Grillen sind im Handel erhältlich. Man muss nicht mehr, wie ich in meiner Kindheit mit meinem Opa, in den Wald gehen, im Jäger-Rucksack Wacholder sammeln und heimtragen. Durch entsprechende Gewürze wie Rauchsalz oder geräucherten Paprika lässt sich das Aroma noch verstärken; wobei man beim Umgang mit Raucharomen ein sehr feines Händchen haben sollte, allzu leicht vertuscht man dadurch das gewünschte Raucharoma, das durch die Verwendung bestimmter Holzarten seinen besonderen Charakter bekommt.
Durch die Vielfalt der Geräte, der Hölzer und letztendlich der Gewürze sind der Kreativität kaum Grenzen gesetzt.

Vor dem Würzen müssen die Fische feinstens gesäubert sein

Man sollte aber viele Erfahrungswerte sammeln, um ein hervorragendes Endprodukt zu entwickeln.

So war es höchst erfreulich, dass die Fotografin Claudia Gregor und ich dem „Weiher Blasch" Johann Kraus über die Schulter schauen durften, als er eine Tour seiner wunderbaren Forellen räucherte.

Wichtig ist, dass die Fische gut gesäubert und ausgespült sind, erklärte er uns und zeigte uns, wie er durch seitlichen Druck auf die Kiefergelenke das Maul der Forellen öffnet und mit einem kräftigen Wasserstrahl das ganze Tier sauber durchspült.

Er hatte auch bereits die Gewürzmarinade hergerichtet. Die Fische werden mit einer Zucker-Salz-Mischung versehen und mit den Gewürzen.

Gewürze: frischer Ingwer, kleinst gewürfelt, frische rote Chilischoten, kleinst gewürfelt, und frisch gemahlener schwarzer Pfeffer.

Damit werden die Fische bestückt und in die Körbe des Räucherofens gelegt. Dann kann der Ofen beheizt werden und der Räuchervorgang seinen Lauf nehmen.

Die Dauer und auch die Temperatur sind sehr vom Modell des Smokers abhängig. Sie darf nicht zu kurz sein, damit die Fische haltbar bleiben, und nicht zu lange; auch soll die Temperatur nicht zu hoch sein, damit die Fische nicht trocken werden.

Am besten schmeckt der Fisch natürlich ganz frisch nach dem Räuchern.

Leider, bedauert Johann Kraus, muss er seine fertigen Forellen in Folie schweißen, um sie in die Bio-Märkte zum Verkauf zu bringen. Das belastet die Umwelt und besonders beeinträchtigt es auch den Geschmack. Gerade geräucherte Produkte leiden da besonders, sind aber aus Hygiene-Gründen nur so zu vermarkten.

Wir konnten und wollten die Räucherdauer nicht abwarten und haben uns den fangfrischen Fisch roh zu Gemüte geführt. Es ist einfach etwas Wunderbares.

Wichtig für das Filetieren und auch das Schneiden des Fischs ist ein gut geschärftes, steifes Messer. Die Klinge führt man entlang der Grätenrippe, um möglichst wenig Fleisch zu verletzen.
Fürs Tatar oder Carpaccio werden sehr dünne Fischscheiben der Haut entlang abgeschnitten.

Saiblingstatar

auf Schwarzrettich-Carpaccio

Mit diesem Saiblingstatar konnte ich schon viele meiner Gäste begeistern und auch solche, die eigentlich keine großen Fischliebhaber sind. Da empfiehlt es sich, eine etwas größere Portion zuzubereiten, denn die Frage nach einem Nachschlag bleibt selten aus.

Zutaten:

1 großer schwarzer Rettich

4 Saiblingsfilets

1 EL Puderzucker

1 Bio-Zitrone

Ein ca. 10 cm langes Stück einer Meerrettichwurzel

2 EL geschlagene Sahne

Salz

Pfeffer aus der Mühle

Ingwerpulver

Kressesprossen

Evtl. Cherry-Tomaten oder Tomatenperlen zur Dekoration

Zubereitung:

Den Rettich gut abwaschen und wenn die Schale sehr verkorkt ist, auch abschälen; die Schale ist sonst sehr hart und verhindert das Aufschneiden des Rettichs in gleichmäßige, hauchdünne Scheiben. Am besten verwendet man zum Aufschneiden eine gute Aufschnittmaschine oder auch eine Mandoline.

Die Saiblingsfilets sorgfältig von den Gräten befreien, die Haut abziehen und das Fischfleisch in ganz kleine Würfelchen schneiden. Zitronenabrieb, Salz, Pfeffer aus der Mühle, etwas Ingwerpulver dazugeben. Den Meerrettich frisch reiben, ich mache das am liebsten im Freien und setze eine Sonnenbrille auf, um die Augen zu schützen; ein paar Tropfen Zitronensaft darüber träufeln, damit er nicht grau wird, und 2 EL steif geschlagene Sahne unterheben. Die Mischung mit zum Saibling geben, noch etwas Puderzucker fein darüber streuen, alles zusammen gut vermischen und etwas durchziehen lassen.

Einstweilen die Rettichscheiben auf den Tellern anrichten und mit einem Teesieb Puderzucker gleichmäßig dünn darüber streuen. Nach kurzer Zeit löst sich der Zucker auf und der Rettich beginnt schön zu glänzen. Dann das Tartar noch abschmecken und auf dem Carpaccio anrichten.

Mit frischer Kresse garnieren, sie hebt den Geschmack des Meerrettichs und des Rettichs noch hervor.

Als bunten Farbtupfer kann man noch Tomatenperlen – winzige Tomaten in der Größe von Johannisbeeren – oder in Achtel geschnittene Naschtomaten anlegen.

Ceviche vom Saibling

mit Kochbananen

Zutaten:

Für das Korianderöl:

1 Bund Koriandergrün, davon ein paar Blätter für das Ceviche beiseite legen

150 ml Olivenöl

2 grüne Kochbananen

Salz, Pfeffer

1 EL Öl zum Braten

4 Saiblings- oder Forellenfilets

2 Zitronen

1 Limette

2 Chilischoten

1 oder 2 Frühlingszwiebel, je nach Größe

Salz

1 große rote Zwiebel

2 Tomaten

2 Avocados

Zubereitung:

Zuerst bereiten wir ein Korianderöl. Es lässt sich gut auch schon am Vortag zubereiten und hält sich, wie auch Petersilienöl, mehrere Tage im Kühlschrank. Dazu wird der frische Koriander ganz kurz, nur etwa 15 bis 20 Sekunden, blanchiert. Wichtig, dass man die Stiele mit verwendet, die haben den meisten Geschmack. Nach dem Blanchieren in Eiswasser abschrecken, damit die grüne Farbe erhalten bleibt. Den Koriander aus dem Eiswasser heben und gut abtropfen lassen, etwas ausdrücken, dann grob zerkleinern und in einem Blitzhäcksler zusammen mit dem Olivenöl zerkleinern. Längere Zeit, am besten über Nacht, durchziehen lassen.

Dann werden die Kochbananen vorbereitet. Dazu schneidet man sie mit der Schale in etwa 1 cm dicke Scheiben und kocht sie in Salzwasser 15 Minuten lang.

Inzwischen kann man die Beize, die Tigermilch, zubereiten. Dazu werden eine Zitrone und eine Limette ausgepresst. Zwei Chilischoten werden halbiert, von den Kernen befreit und in kleine, feine Streifen geschnitten; noch ein oder zwei Frühlingszwiebeln in kleine Röllchen schneiden und alles zusammen noch mit Salz und etwas Abrieb von der Zitrone und der Limette vermischen.

Dann werden die Saiblings- oder Forellenfilets noch von Gräten befreit und enthäutet. Anschließend schneidet man sie leicht schräg in Streifen, dass sie nicht zu dick werden, gibt sie in eine flache Schale und übergießt sie mit der Marinade.

Nun kann man die Kochbananen abseihen. Danach lassen sich die Schalen ganz leicht entfernen. In einer Pfanne erhitzt man Öl und brät darin die Kochbananen von beiden Seiten schön knusprig, wie Röstkartoffeln. Mit Salz und Pfeffer würzen.

Zum Servieren eine große, rote Zwiebel schälen und in Ringe schneiden; will man die Schärfe der Zwiebel etwas milder haben, so kann man die Zwiebelringe gleich anfangs schneiden und – solange man den Saibling bearbeitet – in der Tigermilch marinieren.

Zwei Tomaten in Scheiben schneiden und ein paar Korianderblätter zupfen. Mit unter das Ceviche mischen. Die Avocado halbieren, aus der Schale heben und in Streifen schneiden. Mit Zitronensaft beträufeln, dass sie nicht braun werden, und das Ceviche darauf anrichten. Etwas Korianderöl mit dazureichen.

Ceviche, ein Gericht aus roh mariniertem Fisch, ist in Lateinamerika zu Hause und hat auch in unseren Breiten längst Liebhaber gefunden. Unsere herrlichen, fangfrischen Fische lassen sich auch wunderbar auf peruanische Weise zubereiten. Die Marinade, Tigermilch, in der Landessprache Leche de Tigre genannt, darf gerne die Schärfe der Tigerzähne zeigen.

Saibling
im Salzmantel mit Fenchel-Risotto

Zutaten:

2 schöne große Saiblinge

3 kg grobes Meersalz

2 Bio-Zitronen

1 Bund Petersilie

2 Zweige Estragon

Zubereitung:

Backofen auf 200° C vorheizen. Von den Fischen die Kiemen herausschneiden, die Fische waschen und vorsichtig trocken tupfen. Den Bauch der Fische mit Zitronenscheiben und Petersilien- und Estragonzweigen füllen.

Das Salz mit 200 ml Wasser versetzen und gut durchmischen, dass es etwas feucht ist; es darf nicht nass sein, nur feucht. Zwei Backbleche mit Folie belegen und jeweils eine 1cm dicke Schicht mit Salz auftragen, der Fischgröße und -form entsprechend. Man sollte dazu etwa ¼ der Salzmasse verbrauchen. Dann die Fische darauflegen und noch mit übriger Zitrone und Kräutern bedecken. Dann mit der weiteren Salz-Wasser-Mischung belegen und gut um die Fische formen, dass alles geschlossen ist. In den vorgeheizten Ofen schieben und ca. 15 Minuten garen lassen. Man kann, wenn man unsicher ist, die Temperatur des Fisches mit einem Fleischthermometer kontrollieren, sie sollte 60° C betragen. Dann kann der Fisch aus dem Ofen genommen werden und sollte vor dem Servieren noch gut 5 Minuten ruhen.

Fenchel-Risotto

Zutaten:

2 Tassen Arborio-Reis

2 – 3 Schalotten, je nach Größe

1 schöne große Fenchelknolle

1 Becher süße Sahne

2 Gläser Sekt oder Prosecco

Hühner- oder Gemüsebrühe zum Aufgießen

Ca. 2 EL Olivenöl

Salz, Pfeffer

Eine schöne Portion frisch geriebener Parmesan

Zubereitung:

Für das Risotto die Brühe erhitzen. Von der Fenchelknolle die äußeren Stiele mit den blattähnlichen Verbreiterungen vom Strunk ausbrechen, längs halbieren und in der Brühe kurz blanchieren. Dann warm stellen; sie dienen zum Anrichten als Löffel aus Fenchel, in dem man das Risotto kredenzt.

Vom übrigen Fenchel das zarte Grün zur späteren Dekoration abnehmen und die Knolle in kleine Würfel schneiden.

In einem Topf das Olivenöl erhitzen und die klein gewürfelten Schalotten sowie den Reis darin leicht anbraten. Mit Sekt oder Prosecco ablöschen und den fein geschnittenen Fenchel mit dazugeben. Ist die Flüssigkeit verkocht, mit Brühe schöpflöffelweise angießen, ständig gut rühren und den Vorgang immer wiederholen, bis das Risotto anfängt, cremig zu werden und nur langsam noch mehr Flüssigkeit aufnimmt. Durch Zugabe eines kleinen Stückchens Butter kann man die Cremigkeit auch noch etwas erhöhen. Die Hitze wegnehmen und die geschlagene Sahne unterheben, danach den Parmesan. Mit Salz und Pfeffer abschmecken, nicht mehr kochen.

Zum Anrichten fülle ich das Risotto in die „Fenchel-Löffel" und garniere mit dem Fenchelgrün und ein paar Blättchen Estragon.

Der Fisch wird von der Salzkruste befreit, indem man die Salzkruste mit einem großen Messer mit steifer Klinge entlang des Tieres einritzt und dann die obere Salzhaube möglichst als ganzen Deckel abkippt. Es entwickelt sich der wunderbar saftige Fisch mit den herrlichen Aromen.

Leuchtenberg

Gefräßiger Fischreiher

Begibt man sich aus dem Hinteren Oberpfälzer Wald auf die Ostmarkstraße und folgt dieser durch den Vorderen Oberpfälzer Wald Richtung Weiden, so fällt die Vielzahl der Burgen und Ruinen auf, die sich hier fast wie eine Perlenschnur aufreihen und von denen aus so manches geschichtsträchtige Schicksal bayerischer Ritter und Grafen ausging. Ob Haus Murach oder die Burg Trausnitz über dem schönen Pfreimd-Tal gelegen oder die wunderschöne Burg Leuchtenberg, auf die man von der Ostmarkstraße aus einen ganz besonders schönen Ausblick hat, bis hinauf zur markanten Burgruine Flossenbürg, die durch das Lager und die Judenverbrennung zu ihren Füßen heute ihre traurige Berühmtheit erlangt hat, um nur einige Wesentliche zu nennen.

Zwischen den Burgen Trausnitz und Leuchtenberg führt die Ostmarkstraße direkt an dem Markt Tännesberg vorbei. Nicht unverdient, wie ich meine, wurde dieser Ort zur bayerischen Modellgemeinde für Biodiversität. Als ich zur Vorbereitung auf eine botanische Führung und einen Kochkurs eine Streuobstwiese durchstreifte, lockte mich ein kleiner Wald, der noch eine andere Vegetation versprach. Als ich in dieses Wäldchen eintrat, war ich überrascht, welch schöne, gepflegte Weiher sich darin befanden. „Das müssen gute Forellen sein, die darin schwimmen", dachte ich mir und widmete mich wieder den verschiedenen Gewächsen, die die Weiher umgaben. Damals ahnte ich nicht, dass ich den Besitzer später einmal kennenlernen würde. Nun habe ich ihn befragt, ob ich ein paar Forellen aus seinem Teich bekommen könnte, um ihren Geschmack zu erfahren und ihnen einen Platz in diesem Buch zu sichern. Leider wurde nichts daraus, hier waren nicht die Kormorane am Werk, nicht einmal der gefräßige Fischotter, es waren die Fischreiher, die den Fischbestand seiner Teiche so dezimiert haben, dass er keinen neuen Besatz mehr einsetzte.

Dennoch aber will ich hier einer Forelle ein Plätzchen überlassen.

Geräucherte Forelle

im Weinteich

Eine wunderschöne frische Vorspeise oder auch ein kleines leichtes Abendessen, das mich ganz besonders im Frühling und Frühsommer lockt, wenn an den Teichen und auf den umliegenden Wiesen frische, saftige, würzige Kräuter wachsen und blühen.

Zutaten:

2 frische geräucherte Forellen

2 Blatt Gelatine

30 ml Weißwein, Riesling oder Silvaner

Frühlingskräuter und Blüten, besonders gut geeignet sind Brunnenkresse, Sauerampfer, Bachbunge und die Blüten von Veilchen und Wiesenschaumkraut. Ich hatte alternativ Kresse, Sauerklee, Postileinchen, Schnittlauch und die Blüten des Sauerklees und des Schnittlauchs. Es empfiehlt sich, Säure und leichte Schärfe bei den Blüten und Kräutern zu kombinieren

20 ml feines Rapsöl

1 Eigelb

1 TL Senf

1 TL Zitronensaft

Gegebenenfalls Wasabi-Paste

Zubereitung:

Die Blattgelatine in kaltem Wasser einweichen. Den Wein erhitzen, nicht kochen. Die Gelatine ausdrücken und im heißen Wein auflösen, nicht kochen! Das Gelee auf eine Platte ausgießen und in den Kühlschrank stellen.

Solange die Gelatine auskühlt, die Kräuter und Blüten nach Bedarf zerkleinern und zupfen.

Dann schon einmal die Forelle enthäuten und filetieren. Die Gräten entfernen, auch bei den Rückenflossen beachten, dass sie entfernt sind.

Für die Mayonnaise das Eigelb und den Senf in einen Mixbecher geben, mit dem Mixstab verrühren und dabei das Öl langsam zugießen. Will man die Mayonnaise noch fester haben, noch mehr Öl verwenden. Wenn eine schöne Emulsion entstanden ist, mit Salz und etwas Zitronensaft abschmecken. Will man es etwas pikanter, so kann man der Mayonnaise noch 1–2 TL Wasabi-Paste beifügen. Die feine Schärfe des grünen Meerrettichs passt sehr gut zur Räucherforelle.

Kurz bevor die Gelatine ganz fest geworden ist, die Kräuter und Blüten hübsch darauf dekorieren.

Die schön zugeschnittenen Forellenfilets auf den Tellern anrichten und mit dem Gelee und der Mayonnaise umgeben.

Nicht nur Fische, sondern auch Schwäne tummeln sich im großen Weiher vor dem futuristischen Gebäude des BHS Corrugated

Die Haidenaab

Genießt man von der Burg Leuchtenberg die Aussicht über das Naabtal, so kann man auf den gegenüberliegenden Hügeln das Gelände des Golfplatzes Schwanhof erkennen und unten im Tal die Ortschaft Unterwildenau. Hier fließen Haidenaab und Waldnaab zusammen und streben als Naab durch die mittlere und südliche Oberpfalz strikt nach Süden zur Donau.

Die Haidenaab entspringt wie der weitere linke Quellfluss der Naab, die Fichtelnaab, im Fichtelgebirge und durchfließt bis zu ihrer Mündung verschiedene Gebiete geologischer und kultureller Besonderheiten. So fließt sie von Franken schon bald in die Oberpfalz in den Landkreis Tirschenreuth. Hier kommt sie dem Land der 1000 Teiche, dem Stiftland ganz nahe, dessen Fischen wir uns später noch intensiv zuwenden werden. Im Westen des Landkreises Tirschenreuth durchzieht die Haidenaab die slawische Siedlungskammer, eine Gegend, in der durch archäologische Ausgrabungen mehrere Grabfelder gefunden wurden und auch Arbeitsgeräte und Grabbeigaben, die darauf hindeuten, dass diese Gegend bereits in der Steinzeit besiedelt war. Die geologische Besonderheit dieser Gegend sind viele Basaltkegel, die sich hier auftürmen und der Landschaft ein besonderes Bild verleihen. Sehr prägnant ist der Rauhe Kulm, der im Zentrum der slawischen Siedlungskammer liegt. Unweit davon erhebt sich der Barbaraberg, ein weiterer Vulkanberg, neben dem das Kloster Speinshart liegt.

Kloster Speinshart und im Hintergrund der Basaltkegel Rauher Kulm

Foto: Adobe Stock, OberpfalzBild

Es besitzt eine sehr schöne, gut renovierte Rokokokirche, in dem viele Konzerte aufgeführt werden, und wird umschlossen von einem hübschen, lieblichen Klosterdorf, in dem es sich absolut lohnt, einmal vorbeizuschauen.
Vielleicht verlockt es Sie ja auch, in diesem Hof eine schöne kleine Brotzeit zu genießen, einen feinen Fisch-Burger zum Beispiel.
Verfolgt man die Haidenaab weiter in ihrem Tal, kann man das auch gut auf dem Fahrrad tun, denn von ihrer Quelle bis zu ihrer Mündung begleitet sie ein Radweg, der dann sogar der Naab entlang bis Regensburg weiterführt. Nach dem Kloster Speinshart kommt man Richtung Pressath und Mantel in ein großes ebenes Gebiet, in dem Kies abgebaut wurde und teilweise auch noch wird. Aus den Kiesgruben entstanden Badeweiher und auch Fischweiher. Kiefernwälder breiten sich aus und trotz des sandigen Untergrunds auch moorige Landschaften mit sauren Gräsern, Moosen und sogar die seltene Spirke hat hier noch ein Refugium gefunden. Aus der Tierwelt hat der Fuchs schon seit Langem ein großes Domizil und seit Kurzem hat sogar der Wolf eine Heimat gefunden. Den Anglern und Weiherbesitzern wie auch so manchem Baum macht hier aber mehr der Biber zu schaffen. Er baut seine Burgen wie es ihm gefällt und nimmt auf Zuläufe und Wasserstände der Weiher wenig Rücksicht. Als Pflanzenfresser richtet er aber bei den Fischen keinen Schaden an, die interessieren ihn nicht, und so tummeln sich genug verschiedenste Fische in den Kiesweihern. Wie wäre es mit einer schönen Schleie im Papillon?

In vielen Mäandern fließt die Haidenaab nach Weiherhammer. Dass ihr Wasser nicht nur den Fischen diente, lässt sich alleine aus dem Ortsnamen schon herleiten. Eisenhüttenwerke und Eisenhämmer spielten hier eine große wirtschaftliche Rolle in der Oberpfalz. Später wurden sie teilweise abgelöst und ersetzt durch Glasschleifen, in denen Glas aus dem böhmisch-bayerischen Grenzgebiet zu Fensterglas poliert wurde. Dazu wurde Schmirgel, ein rötlicher, eisenhaltiger Schlamm verwendet, der in der Oberpfalz besonders in der Region Waldthurn vorkommt. Heute wird das Flachglas gefloatet. Ein großes Werk der Firma Pilkington, der Mutter der Flachglas AG, existiert in Weiherhammer. Eine weitere große, weltweit agierende Firma hat hier ihren Hauptsitz. BHS Corrugated hat seinen Ursprung in einem Eisenhüttenwerk. In dem modernen, futuristisch wirkenden Gebäude direkt am Weiher gelegen, befindet sich ein feines Restaurant und auch die Kantine ist nicht zu verachten. Leicht kann Ihnen hier, besonders auch in der nahe vorbeifließenden Haidenaab, ein Hecht an die Angel gehen. Er hat zwar viele Gräten, aber beim Schwanzteil ist das weniger schlimm. Wenn Sie aber, um Gräten zu vermeiden, lieber Hechtklößchen essen, so bereiten Sie sie doch nach diesem Rezept, damit können Sie dem Fine-Dining-Restaurant Konkurrenz machen.
Ein paar Forellen aus den Weihern bei Trippach, einem Ortsteil von Weiherhammer, romantisch hügelig am Lohbach gelegen, könnten so manchen Gaumen verwöhnen.

Weiher bei Trippach

Oberpfälzer Fisch-Burger

Es ist gar keine so große Kunst, einen Fisch-Burger selbst zuzubereiten und hat den großen Vorteil, dass man weiß, was in dem Burger-Brötchen steckt. Nicht nur als kleine Mahlzeit, auch auf einem Party-Buffet kann er seinen Platz finden und sich zum Anbeißen verlockend zeigen. Zudem hat er auch noch den Vorteil, dass er alles beinhaltet, was eine gesunde Ernährung fordert: hochwertige Proteine durch den Fisch, Vitamine und Ballaststoffe durch die Kräuter und das rohe wie gedünstete Gemüse, Fette mit der Mayonnaise und Kohlenhydrate mit dem Brötchen.

Zutaten:

Für die Remoulade:

2 Eigelb

2 TL Dijon-Senf

½ TL Salz

1 TL Zitronensaft

150 ml Rapsöl

1 klein gewürfelte Rote Bete

2 klein gewürfelte Schalotten

½ Bund Kerbel

Für die Fisch-Pattys:

600 g Fischfilets, es können auch gut die grätenfreien, übrigen Teile vom Zuschnitt eines Fischfilets verwendet werden. Besonders gerne nehme ich die Filets von Forelle, Saibling und Zander

2 Eier + 3 EL Sahne

3 Schalotten, klein gewürfelt

Zubereitung:

Die Rote Bete braucht sehr lange zum Garen, deshalb sollte man sie schon früher kochen oder man kann auch gut die schon gegarte, eingeschweißte Bete kaufen.

Als Erstes bereite ich die Remoulade, damit die Aromen gut durchziehen können. Dazu gebe ich in einen Mixtopf 2 Eigelb, 2 TL Dijon-Senf, ½ TL Salz und 1 TL Zitronensaft. Das schlage ich mit dem Mixstab schaumig und lasse dann das Rapsöl dazu einlaufen, zuerst tropfenweise, dann in einem dünnen Strahl, bis eine schöne cremige Emulsion entstanden ist. Will man sie etwas fester, so gelingt das, indem man noch mehr Öl einarbeitet. Damit die Mayonnaise zur Remoulade wird, schneide ich die Rote Bete in kleine Würfelchen, schäle zwei kleine Schalotten und würfle sie klein. Einen großen Teil des Kerbels schneide ich ebenfalls klein, vermische alles gut mit der Mayonnaise und stelle es einstweilen kalt.

Als Nächstes trenne ich vier Blätter von einem Spitzkohl oder einem Flachkohl (Jaroma-Kohl) ab und blanchiere sie 4 Minuten in leicht gesalzenem Wasser. Sie müssen nicht unbedingt in Eiswasser gelegt werden, da sie ihre schöne hellgrüne Farbe meist gut behalten.

Dann bereite ich mein Fisch-Patty. Während der Zeit kann man auch schon die Brötchen im Ofen etwas aufbacken. Für das Patty schneide ich die Fischfilets in kleine Würfelchen, wie für ein Tatar, gebe die klein gewürfelten Schalotten dazu, Salz und Pfeffer aus der Mühle und auch noch einen weiteren Teil des Kerbels – ein paar Blätter halte ich zurück, um sie auf den Brötchen mit anzurichten – verrühre 2 Eier mit 2–3 EL Sahne. Ich vermische das Ganze zu einem Teig und rühre noch 1–2 EL Semmelbrösel darunter, damit ich die Pattys leichter formen kann.

½ Bund Kerbel oder auch Kerbel + Dill

Salz, Pfeffer aus der Mühle

2–3 EL Semmelbrösel

2 gute EL Butterschmalz

Weitere Zutaten:

4 Burger-Brötchen

1 große Fleischtomate

4 große Blätter vom Spitzkohl oder Jaroma-Kohl

1 Traube Honigtomaten

1 Bio-Zitrone für Saft und Abrieb

Nach Belieben ein paar Scheibchen einer roten Chilischote

In einer Pfanne erhitze ich das Butterschmalz, forme aus dem Teig vier schöne runde Pattys, die etwa den Durchmesser eines Brötchens haben, und brate sie auf beiden Seiten goldgelb an. Solange ich die Burger vorbereite, lasse ich die Bratlinge in der heißen Pfanne ruhen.

Nun geht es ans Auftürmen. Als Unterstes bestreiche ich die Brötchen mit der Remoulade. Wer es gerne noch etwas pikanter mag, kann ein paar kleine Ringe einer Chilischote darauf verteilen. Dann falte ich ein gedünstetes Krautblatt passend und lege es darüber und ein paar Kerbelblätter darauf. Als Nächstes kommt eine Scheibe Fleischtomate, dann das Patty. Über das Patty rasple ich noch etwas Zitronenschale und trage dann eine schöne Schicht der Remoulade auf. Bevor der Deckel des Brötchens aufgesetzt wird, sorgen ein paar Kerbelblätter und geviertelte Honigtomaten nicht nur für eine schöne Optik, sondern runden den Geschmack dieser Komposition noch ab.

Deckel drauf und mit einem großen Spieß fixiert – richtig fein!

Hecht

sanft geschmort

Der schlimme Räuber schmeckt sehr fein und mit ein paar Tricks kann man auch verhindern, dass sein mageres Muskelfleisch trocken wird. Hat man ein schönes, nicht allzu großes Tier, so bietet sich an, das Schwanzteil im Ganzen zuzubereiten, so bleibt es saftiger und hier sitzen auch nicht so viele Gräten. Auf diese Art zubereitet kann auch der Gaumen eines französischen Gourmets an diesem Brocheton Gefallen finden.

Zutaten:

Das Schwanzstück eines Hechts von 800 g bis 1 kg

2 weiße Zwiebeln

½ Bund Petersilie

3–4 Zweige Dill

1–2 Stangen Staudensellerie, je nach Größe

1 große Bio-Zitrone

Salz, Pfeffer aus der Mühle

¼ l Fischfond

¼ l trockener Weißwein

2–3 EL zimmerwarme Butter

Für die Soße:

½ Glas eingelegte Sardellen

1 EL Kapern

1 Tasse Milch

50 – 60 g kalte Butter in Stückchen

Zubereitung:

Das Schwanzteil des Fisches glatt abtrennen und die Schuppen entfernen. Das funktioniert ganz leicht mit einem herkömmlichen Putzrasch, mit dem man ohne großen Druck über die Fischhaut fährt. Danach wird der Fisch gut gewaschen und mit Küchenkrepp trocken getupft.
Das Backrohr auf 180° C vorheizen.
In einem Bräter oder einer Auflaufform bereitet man in der Zwischenzeit das Gemüsebett, auf dem der Hecht während des Garens ruhen kann. Dazu werden die weißen Zwiebeln geschält und in Ringe geschnitten und in den Bräter geschichtet. Die Stiele der Petersilie, 3 oder 4 Zweige Dill und 1 oder 2 Stangen Staudensellerie nur ganz grob schneiden und darauf streuen.
Die Zitrone schneidet man in Scheiben und legt sie obenauf. Dann wird noch der Fisch mit Salz und Pfeffer gewürzt und mit der Bauchseite auf das Gemüse gesetzt. Nun gießt man den Weißwein und den Fischfond darüber und bestreicht ein dem Bräter angepasstes Backpapier großzügig mit Butter. Das Papier sollte etwas breiter sein als die Öffnung der Form, damit es sich gut über den Fisch legt und nicht zu viel des Suds frei liegt. Besonders über dem Fisch muss genügend Butter vorhanden sein. Man bedeckt das Gargut und lässt es zugedeckt 30 Minuten im Rohr garen.
In der Zwischenzeit legt man einige Sardellen, etwa die Hälfte des Inhalts von einem Gläschen, in ein Schälchen mit Milch.
Nach 30 Minuten wird der Hecht vorsichtig auf eine Platte gehoben und warmgestellt. Am besten bedeckt man ihn mit der Backfolie.
Der Sud wird durch ein Haarsieb gegossen und auf etwa ⅓ reduziert. Dann gibt man die Kapern und die klein geschnittenen Sardellen dazu, arbeitet sie mit einem Schneidestab ein und montiert die Soße mit der kalten Butter in Stückchen auf.
Nun kann der Hecht unter seiner Haube hervor und mit seiner Soße gereicht werden. Als Beilage eignen sich ganz einfache Salzkartoffeln, die mit ein paar der übrigen Petersilienblättchen garniert werden können.

Die Schuppen können ganz leicht mit einem herkömmlichen Putzrasch entfernt werden, indem man ohne großen Druck über die Fischhaut fährt.

Um von dem doch recht grätenreichen Hechtfleisch möglichst viele Gräten zu entfernen, führt man einen sogenannten V-Schnitt aus. Man ertastet die Gräten entlang des Filets und führt dann zwei schräge Schnitte, die einem „V" gleichen, aus. Den ausgeschnittenen Strang kann man einfach herausziehen.

Fluffige Hechtklößchen

auf Kartoffelmousse

Der Klassiker schlechthin unter den Gerichten aus dem herrlichen Fleisch des Hechts sind sicherlich Hechtklößchen. Das hängt nicht zuletzt damit zusammen, dass der Hecht scheinbar unendlich viele Gräten hat, die zu entfernen große Mühe macht. Es lässt sich zwar mit dem sogenannten V-Schnitt ein sehr großer Teil bereits entfernen, dennoch muss man mit der Pinzette noch kräftig nacharbeiten. Und um möglichst sicher zu gehen, dass man alle erwischt hat, darf man oftmals ganz schön werkeln und das Filet sieht etwas zerzaust aus. Die Mühe lohnt sich aber allemal, denn ob als Suppeneinlage gereicht oder, wie ich es heute mache, auf einer feinen, cremigen Kartoffelmousse serviert, erhält man eine köstliche Vorspeise, die sich in jedem Festtagsmenü sehen lassen kann.

Zutaten:

Für die Klößchen:

1 Hechtfilet 300 g – 400 g

2 Eiklar

Salz, weißer Pfeffer, Piment de Espelette

¾ l Fischfond

Für die Mousse:

1 kg festkochende Kartoffeln

300 ml Milch

150 g Butter in Stückchen geschnitten

Salz

Für die Sauce:

1 Schalotte

1 TL Butter und ca. 30 g kalte Butter in kleinen Stückchen

200 ml Sekt, Cremant oder Champagner

50 ml Sahne

100 g Krebsschwänze oder Crevetten oder Krabben, dazu 2 TL Krebsbutter oder alternativ Butterschmalz

Zubereitung:

Das Hechtfilet in kleine Würfel zerschneiden und kurz anfrieren. Wenn möglich, den Mixtopf oder den Topf des Blitzhäckslers etwas vorkühlen in einem kühlen Raum oder Kühlschrank. Die Fischmasse sollte beim Zerkleinern möglichst wenig erwärmen.

Während dieser Zeit die Kartoffeln für die Kartoffelmousse in Salzwasser aufsetzen und weichkochen, Kochzeit etwa 30 Minuten. 70 g Butter in kleine Stückchen teilen und 300 ml Milch erhitzen bis kurz vor dem Siedepunkt, sie muss nicht kochen.

Die Kartoffeln abseihen, sofort schälen und durch eine Kartoffelpresse drücken. Die heiße Milch unterrühren und stückchenweise die Butter. Das Püree durch ein Sieb streichen und wieder zurück in den Topf geben, mit Frischhaltefolie, am Besten doppelt genommen, abdecken, damit keine Dampftropfen auf die Mousse fallen können und sich auch keine Haut bilden kann. Bis zum Gebrauch warm stellen und vor dem Servieren nochmals auf die Herdplatte stellen und vorsichtig erwärmen, dabei nochmals gut 70 g Butter in Anteilen einrühren, mit Salz abschmecken.

Die leicht gefrorenen Hechtwürfel zu einer Farce fein zerkleinern, dann mit Salz, frisch gemahlenem Pfeffer und Piment de Espelette würzen, die Eiweiße unterheben und die Sahne, bis das Ganze eine glänzende feine homogene Masse wird; dann durch ein Sieb streichen. So kann auch die letzte kleine versteckte Gräte gefunden werden. Die Masse gleich wieder kaltstellen.

Den Fischfond zum Kochen bringen, die Hitze auf leichtes Sieden einregulieren. Von der Hechtmasse mit zwei in den Fond getauchten Teelöffeln eine kleine Nocke formen und ein Probeklößchen kochen.

Währenddessen in einer kleinen Pfanne die Krebsschwänze oder die Crevetten oder Krabben in Krebsbutter braten, je nach Größe nur 2–3 Minuten von jeder Seite. Das zarte Fleisch soll nicht zäh werden.

Dann mit den Klößchen weitermachen. Hat das Probeklösschen gepasst, so kann nun die ganze Masse so gegart werden, nach etwa 8 Minuten sind die Klößchen fertig und können herausgenommen werden. Ist das Probeklößchen zerfallen, so muss die Temperatur erhöht werden; sollte das auch nicht klappen, kann man ein zerklöppeltes Ei unterrühren.

Nun noch das Püree wie beschrieben mit der restlichen Butter erwärmen und ein kleines Sößchen ziehen. Dazu eine Schalotte klein würfeln und in Butter glasig anschwitzen. Mit Sekt oder Cremant (Champagner ist natürlich auch erlaubt) ablöschen und mit etwas Sahne und kalten Butterflocken mit einem Mixstab aufschäumen.

Inzwischen sind sicher auch die Hechtklößchen fertig und man kann anrichten. Zum Garnieren passen ein paar feine Dillzweige ganz hervorragend oder noch besser die etwas süßlich schmeckenden Erbsensprossen.

Forelle

als eleganter „Brathering"

Zutaten:

1 Flasche trockener Weißwein (Riesling)

2–3 EL Weißweinessig, die Menge hängt vom Säuregehalt ab und kann daher auch um einiges mehr oder weniger sein

2 rote Zwiebeln, bevorzugt die länglich-schalottenförmigen „Tropea", sie werden auf einen Zopf gebunden angeboten

1 gehäufter EL brauner Zucker

2 TL Salz

Gewürzsäckchen gefüllt mit 1 Lorbeerblatt, 1 Gewürznelke, 1 Stückchen von einer Zimtstange, 4–5 Pimentkörner, 1 TL Pfefferkörner, 1 TL weiße Senfkörner

Forellen:

6 Forellenfilets

Mehl zum Panieren

2 Eier

100 ml Sahne

50 g Mandelblättchen

Grobes Panko-Mehl

Salz, Pfeffer

1–2 EL Butterschalz

Zubereitung:

Ich beginne mit dem Sud. Dazu bringe ich den Weißwein (Riesling) dem ich braunen Zucker, Salz und Weißweinessig zugegeben habe, leicht zum Kochen. Ich schäle die roten Zwiebeln, schneide sie in Ringe und lasse sie in dem Sud mitgaren, zusammen mit einem Gewürzsäckchen, in das ich Lorbeerblatt, Piment, Senfkörner, Pfefferkörner, 1 Gewürznelke und Zimtrinde gefüllt habe. Das Ganze lasse ich 5–6 Minuten ziehen, die Zwiebelringe sollten noch Biss haben, aber leicht gegart sein. Ich schmecke dann noch ab, ob evtl. zu viel Säure verflogen ist und justiere notfalls mit dem Essig nach.

Die Forellenfilets, die ja meist schon grob grätenfrei sind, entgräte ich nochmals mit einer Pinzette, spüle sie kurz mit klarem Wasser ab und tupfe sie nur ganz leicht trocken, salze sie und wende sie dann in Mehl. Ich verkleppere 2 Eier mit 100 ml Sahne und frisch gemahlenem Pfeffer. Für die äußere Kruste lasse ich Mandelblättchen in einer beschichteten Pfanne etwas anbräunen. Vorsicht, nicht aus den Augen lassen, sie werden schnell schwarz. Die Forellenfilets wende ich dann in der Ei-Sahne-Mischung und achte darauf, dass sie auch gut überzogen sind. Danach paniere ich sie mit den Mandelblättchen und grobem Panko-Mehl, die ich miteinander vermischt habe. Es soll schon eine gute Schicht an den Forellen kleben bleiben.

In einer Pfanne erhitze ich Butterschmalz und brate die Forellen bei mittlerer Hitze zuerst auf der Hautseite 3–4 Minuten, dann noch auf der Fleischseite etwa 2 Minuten bis sie schön braun sind und lege sie in eine passende Schale. Die roten Zwiebelringe aus dem Sud lege ich oben auf die Fische und übergieße sie dann mit dem Sud.

Vor dem Servieren sollten sie noch etwas durchziehen.

Als warme Beilage kann man sehr gut Stückchen von Muskat-Kürbis und Süßkartoffel reichen, die man ganz einfach zusammen auf einem mit Backpapier ausgelegten Blech mit Öl beträufelt und bei 190° C etwa 20 Minuten als Ofengemüse gart. Nach etwa der halben Zeit wenden und leicht salzen. Durch die im Gemüse enthaltene eigene Süße erhalten die Stücke einen karamellisierten Rand. Daran kann man auch sehen, dass sie gar sind.

Für diesen feinen Fisch geziemt es sich, auch etwas feinere Zutaten zu verwenden, als man dies bei dem Hering tut. So verbinden sich diese zarten Aromen zu einer hervorragenden Delikatesse. Und ebenso vielseitig wie den Brathering kann man auch dieses Gericht verwenden. Es passt lauwarm oder kalt als Hauptgericht zu Kartoffelpüree genauso gut wie zu einem großen Buffet und lässt sich hervorragend schon 1 – 2 Tage vorher zubereiten.

Weiden in der Oberpfalz

Meine Heimatstadt Weiden, eine kreisfreie Stadt, wird als die Metropole der nördlichen Oberpfalz bezeichnet. Dieser Bezeichnung, so finde ich, wird sie auch gerecht.

Weiden ist eine Industriestadt, allen voran steht hier die Glasindustrie und die Porzellanindustrie mit den Firmen Seltmann und Bauscher. Von Bauscher-Tellern isst man auf der ganzen Welt, ob in Nord- oder Südamerika, Afrika, Australien oder Asien – *Bauscher Weiden* ist überall zu finden. Damit zusammen hängt auch die typische Handbewegung der Weidener Bürger: Wo man bewirtet wird oder einkehrt, dreht man erst einmal den Teller um, um auf der Unterseite den Stempel zu sehen. Und schon hat man ein Heimatgefühl und ist stolz auf seine Heimat.

Im schönen alten Stadtkern von Weiden mit den beiden Stadttoren und den in großen Passagen erhaltenen Stadtmauern herrscht reges gesellschaftliches Leben. Vielfältige Gastronomie und kleine Ladengeschäfte scharen sich um das Alte Rathaus, auf dessen Dach ein Storchenpaar seinen Horst hatte, bis es wegen Restaurierung auf das alte Schulhaus ausquartiert wurde. Jetzt ist das Rathausdach sozusagen die Zweitwohnung, die bezogen wird, sobald der Nachwuchs zu viel Platz für sich beansprucht. Mit großem Interesse betrachten die Störche das rege Treiben, besonders an den Markttagen Mittwoch und Samstag, an denen ein vielfältiger Bauernmarkt stattfindet, auf dem man das ganze Jahr über frische und geräucherte Forellen und von Ende September bis Mitte/Ende April auch frische Oberpfälzer Karpfen erwerben kann.

Der Blick der Störche reicht natürlich über die Stadtmauern hinaus, deren Ostseite entlang der Stadtmühlbach fließt. Er wird von vielen Weiden begleitet, den Bäumen, die der Stadt ihren Namen verliehen haben. Sie werden auch regelmäßig gepflegt und zu Kopfweiden zurückgeschnitten, so merkt man ihnen ihr Alter nur an den alten Rinden des Stammes, nicht aber an ihrer Größe an. Viele Fischlein werden die Störche aus dem Stadtmühlbach vermutlich nicht holen. Mäuse und Frösche aus den angrenzenden Wiesen und während der Schulzeit auch das eine oder andere liegengebliebene Wurstbrot vom Pausenhof der großen Schulen, die in den Naabwiesen gebaut wurden, sind in der Regel leichtere Beute. Ja und dann

Es scheint als ob die Orgelpfeifen des Max-Reger-Denkmals ihre Töne auch aus dem Wasser der Waldnaab ziehen

fließt ja da auch noch die Naab, so wird die Waldnaab hier kurz bezeichnet, von Norden nach Süden teilweise parallel zum Stadtmühlbach und an einer Stelle trennt nur ein Park die beiden. Er trägt den Namen Max-Reger-Park nach dem berühmtesten Sohn der Stadt, dem Komponisten Max Reger. Ihm zu Ehren wurde im Park am Ufer der Naab das Max-Reger-Denkmal gesetzt. In Granit gehauen symbolisiert es die Pfeifen einer Orgel, schuf er doch während der Zeit, als er in Weiden lebte, die meisten und bekanntesten seiner Orgelwerke.

Ob Max Reger, der beileibe kein Kostverächter war, auch ein bestimmtes Fischgericht bevorzugte, konnte ich leider nicht herausfinden. Fisch auf dem Tisch gehörte aber zur damaligen Zeit absolut zur Kultur und jeder Bürger, der etwas auf sich hielt und um Ansehen bemüht war, hatte auch einen Teil eines Fließgewässers oder einen Teich in seinem Besitz.

Das war kein billiges Vergnügen und setzte schon ein gewisses Maß an Wohlhabenheit voraus. So entstanden Anfang des 20. und teilweise noch Ende des 19. Jahrhunderts Fischereivereine, die durch gemeinsame Anpachtung, durch gemeinsamen Ankauf des Besatzes, durch teilweise gemeinsame Anzucht, Gewässerpflege und Ausbildung im Angelsport und allem was dazu gehört auch dem einfacheren Bürger den Zugang zur Fischerei und zum Angeln ermöglichten. In Weiden wurde der Fischereiverein im Jahr 1895 gegründet und war einer der frühesten in Bayern. Im Laufe seiner Geschichte hatte er nicht nur mit enormer Belastung durch die beiden Weltkriege zu kämpfen, sondern es zeigte sich, welch große Bedeutung die Industrialisierung, hier in der Region besonders die Porzellan- und Glasindustrie, und die zunehmende Motorisierung für die Verschmutzung der Gewässer hat und welch große Belastung die Reinhaltung und Pflege der Gewässer darstellt. Somit leisten diese Vereine auch noch bis heute einen großen Beitrag zum Umweltschutz.

Der Fischereiverein Weiden hat viele Gewässer in und weit um Weiden angepachtet und so ist es nicht schwer, heimischen Fisch auf den Tisch zu bekommen. Zudem ist ja das Land der 1000 Teiche, das Stiftland mit seinen über 2000 Teichen, gar nicht mehr weit.

Richten wir unseren Blick Richtung Stiftland, so sehen wir nordöstlich von Weiden gelegen den Parkstein, den laut Alexander von Humboldt schönsten Basaltkegel Europas. Im stillgelegten Steinbruch bäumen sich die Basaltsäulen auf wie eine große Sturmwoge im Ozean. Bis hier zieht sich der vulkanische Untergrund und die Reihe der verschiedenen Basaltkegel, denen wir ja schon mit dem Rauhen Kulm begegnet sind. Auch in dem romantischen Waldnaabtal, einem Naturschutzgebiet an der flussaufwärts gelegenen Waldnaab, kann der fein beobachtende Naturfreund Zeichen unterirdischen Vulkanismus erahnen. Trotz des Granitgesteins, das teilweise das Wasser im Flussbett tosen und rauschen lässt, findet man eine Flora besonderer Schönheit und Seltenheit, die anderen mineralischen Grund verlangt als nur Granit. Auch viele Quellen in dem Naturschutzgebiet führen saueres, schwefelhaltiges Wasser zutage und deuten auf thermisches, vulkanisches Geschehen im Untergrund hin.

Am Ende des Waldnaabtals thront die Burg Falkenberg auf hohem Granit und wir befinden uns im Stiftland, einem der größten und bedeutendsten Teichwirtschaftsgebiete Bayerns.

Die alten Kopfweiden. Wahrzeichen der Stadt säumen den Mühlbach. Foto: Jürgen Schuller aus dem Buch „Faszinierende Bäume in der Oberpfalz"

Terrine

aus Forelle und Saibling

Dieses Gericht ist eine wunderbare Vorspeise für ein festliches Dinner oder eine Bereicherung für ein feines Buffet und es hat den Vorteil, dass es sich schon am Vortag zubereiten lässt. Ideal wenn Sie Gäste erwarten, denn es ergibt etwa 8 Portionen.

Zutaten:

1 Saibling küchenfertig

1 Forelle küchenfertig

1 Forelle geräuchert, alternativ 2 geräucherte Filets

100 g Krebsfleisch, alternativ Shrimps

1 Rote Bete gegart

Für den Brühfond:

1 mittelgroße Küchenzwiebel

1 Karotte

3 Zehen Knoblauch

1 Bund Petersilie

½ Bund Dill

1 Zweig Estragon

Gewürzsäckchen mit
2 Lorbeerblättern,
5–6 Körnern weißem Pfeffer,
½ TL weißen Senfkörnern,
1 Gewürznelke

60 ml Noilly Prat alternativ 125 ml trockener Weißwein

Zubereitung:

Wenn man keine fertig gegarte Rote Bete hat, sollte man sie als Erstes zusetzen, denn sie hat eine recht lange Kochdauer, je nach Größe 1 bis 1 ½ Stunden. Dazu die gut gesäuberte Knolle in einem Topf mit Wasser bedeckt, dem man 1 TL Salz und einen TL Fenchelfrüchte zugefügt hat, zum Kochen bringen und bei leichter Hitze zu Ende garen. Durch Anstechen mit einer Gabel spürt man, ab die Bete schon geschmeidig und nicht mehr hart ist.

Als Nächstes bereitet man in einem großen, weiten Topf, in den später die Forelle und der Saibling hineinpassen müssen, eine schöne, würzige Gemüsesuppe. Dazu wird die Zwiebel halbiert und die Hälften werden in dicke Scheiben geschnitten, die Karotte wird in Scheiben geschnitten, die Knoblauchzehen werden nur halbiert. Die Petersilienstiele – die Blätter teilweise verwenden und die schönsten davon zur Garnierung beiseitelegen – ebenso grob schneiden und genauso ein paar Dillstängel. Alles zusammen in den Topf geben, mit Wasser bedecken und zum Kochen bringen. Noch 2 TL Salz, die Blätter und Spitzen eines Estragonzweiges und in einem Teebeutel oder kleinen Säckchen 2 Lorbeerblätter, 5–6 weiße Pfefferkörner, ½ Teelöffel Senfkörner und 1 Gewürznelke zufügen. Das Ganze etwa 10 Minuten bei mittlerer Hitze kochen, dann 60 ml Noilly Prat oder alternativ 125 ml Weißwein zugeben und noch fünf Minuten weiterköcheln lassen.

Die Forelle und den Saibling innen und außen unter fließendem Wasser waschen und leicht trocken tupfen. Die Fische in die Gemüsesuppe legen, zum Kochen bringen, dann die Hitze wegnehmen und die Fische nur noch darin ziehen lassen. Nach 5 – 6 Minuten testen, ob die Fische gar sind. Dazu an der Rückenflosse etwas ziehen. Wenn sie nachgibt, ist der Fisch gar und kann aus dem Topf genommen werden.

Für die Farce:

2 x 1 Ei

2 x 100 g Frischkäse Vollrahmstufe möglichst cremig

2 x 50 g Sahne

Salz

Schwarzer Pfeffer, Paprikapulver scharf, Piment de Espelette, Zitronenabrieb

½ Bund Dill, weißer Pfeffer, Meersalz, Zitronenabrieb

Den Saibling häuten und das Fleisch von den Gräten nehmen und in einen Mixer oder eine Moulinette geben, etwa 100 g Krebsfleisch oder alternativ Shrimps dazu und zusammen zerkleinern. Dann 1 Ei, 100 g Frischkäse, 50 ml Sahne, 1 guter halber TL Salz, schwarzer Pfeffer frisch aus der Mühle, ½ TL Paprikapulver scharf, 1 gute Prise Piment de Espelette und Zitronenabrieb von ½ Zitrone zugeben und alles sehr gut vermengen.

Eine längliche Backform oder Pastetenform mit Backpapier auslegen und die Masse hineinfüllen. Glatt verstreichen, dass sich möglichst keine Lufträume darin befinden. Dann die Rote Bete schälen und in Streifen von knapp ½ cm Breite und Höhe schneiden. Diese auf die Masse der Länge nach legen, dabei etwa einen Finger breit Abstand vom Rand lassen. Je nach Größe genügt dafür oftmals schon eine halbe Knolle.

Dann wird der zweite Teil der Pasteten-Masse zubereitet. Dazu werden die gedünstete und die geräucherte Forelle von Haut und Gräten befreit und im Mixer zerkleinert. Dann werden wiederum 1 Ei, 100 g Frischkäse, 50 ml Sahne, ½ Bund klein geschnittener Dill, weißer Pfeffer, Zitronenabrieb von ½ Zitrone und ½ TL Meersalz zugegeben und gut vermengt.

Den Herd auf 175° C vorheizen und eine Schale mit heißem Wasser unten hineinstellen.

Den zweiten Teil der Pastete in die Form füllen, gleichmäßig glattstreichen und mit Backfolie abdecken.

Auf mittlerer Schiene 60–70 Minuten backen. Danach sofort kalt stellen, dann lässt sie sich gut stürzen und in Scheiben schneiden.

Saibling

an Sauerampfer und Zuckerschoten

In dieser frischen grünen Umgebung fühlt sich der Saibling besonders wohl und kann zwischen Süßem und Sauerem schwimmen.

Zutaten:

4 schöne große Saiblingsfilets

Etwas Mehl zum Bestäuben der Hautseite

1 guter EL Butterschmalz

Saft und Abrieb ½ Zitrone

Salz + Pfeffer

2–3 große Schalotten

1 Zehe Knoblauch

1 EL Butter

1 Glas trockener Weißwein

¼ l Fischfond

1 Bund Sauerampfer

50 – 75 g kalte Butter in Stückchen

1 Schale Zuckererbsen

1 Bund Frühlingszwiebeln

1 EL Butter

1 Schälchen Erbsenranken

Zubereitung:

Die Saiblingsfilets noch entgräten – man kann die Linie spüren und die Gräten mit einer Pinzette ziehen. Dann werden die Filets gewaschen und vorsichtig trocken getupft. Der Schleim sollte möglichst unversehrt bleiben. Die Bauchflosse entfernen und die Bauchlappen mit einem scharfen Messer gerade in Form schneiden. Die Filets mit Salz und Pfeffer würzen und die Fleischseite mit nur ein paar Tropfen Zitronensaft beträufeln und Zitronenabrieb darauf reiben. Die Hautseite der Fische leicht mit Mehl bestäuben. Die Filets bei mittlerer Hitze auf der Hautseite kross braten. Dann ausschalten und die Saiblinge wenden. Noch 2–3 Minuten ziehen lassen, nicht länger, damit sie nicht trocken werden.

Für die Sauerampfersoße die gewürfelten Schalotten und den klein geschnittenen Knoblauch in Butter anschwitzen, mit einem guten Schuss Weißwein ablöschen. Noch Fischfond angießen und aufkochen lassen. Währenddessen den Sauerampfer in Streifen schneiden und mit dem Soßenansatz in einen Mixtopf geben und fein mixen. Noch mit ein paar Stückchen kalter Butter aufmontieren und gegebenenfalls mit Salz noch abschmecken.

Die Zuckererbsen in ca. 1 cm große Stücke zerschneiden und in einer Pfanne in heißer Butter schwenken. Von den Frühlingszwiebeln die Schläuche abschneiden, das Weiße kann für etwas anderes verwendet werden. Die Schläuche längs halbieren, ebenso in 1 cm lange Stücke schneiden und kurz mit den Erbsen schwenken, leicht salzen.

Es kann angerichtet werden. Zarte, junge Erbsenranken geben eine optische und geschmackliche Zier.

Saibling

mit Papaya- und Granatapfelkernen

Es war beginnender Winter, als ich einen wunderschönen Saibling fangfrisch bekam. Als ich beim Entgräten das wunderbare, zartsamtige Fleisch des Tieres unter meinen Fingerspitzen fühlte und mein Gaumen sich schon auf den Geschmack einstellte, hatte ich das Verlangen, ein Stückchen davon nur zusammen mit einem kleinen Blatt frischer Brunnenkresse in den Mund schieben zu dürfen. Aber woher sollte ich jetzt – es war bereits spätester Herbst, beinahe Winter – Brunnenkresse holen? Nicht einmal das behaarte Schaumkraut, das sich in Blumentöpfen auf meinem Balkon eingeschmuggelt hatte, war noch zu finden, es hätte annähernd den Geschmack treffen können. Da fiel mein Blick auf eine halbe Papaya, die mir ein Gemüsehändler gestern noch in die Tasche steckte und meinte, „nimm sie mit, morgen kann ich sie nicht mehr verkaufen".

Genau das war es, nicht die Frucht, aber ihre Kerne, sie haben genau den Geschmack. Und noch dazu erinnerte ich mich, gelesen zu haben, dass in der Heimat der Papaya ihre Kerne gerne besonders den Kindern gegeben werden, um sie vor Nematoden, also kleinen Würmern zu schützen. Passt ja sogar ganz genau, dachte ich mir, warnen doch manche Mediziner vor dem Verzehr von rohem Fisch genau wegen der Gefahr, sich möglicherweise mit Würmern zu infizieren. So hat's da auch keine Gefahr, dachte ich, obwohl ich mir deswegen keine Sorgen machte, denn ich wusste genau, woher der Fisch kommt. Da konnte ich einen Wurmbefall ausschließen. So war das Gericht entstanden.

Zutaten:

4 Saiblingsfilets

Die Kerne einer Papaya

Die Kerne ½ großen Granatapfels

Abrieb einer Bio-Zitrone

Fleur de Sel

Zum Anrichten evtl. Pyramidensalz

Zubereitung:

Die Saiblingsfilets entgräten, häuten und in kleine Würfel schneiden. Eine Papaya halbieren und ihre Kerne herausholen. Die Kerne mit zu den Fischwürfelchen geben. Für die Fruchtigkeit Zitronenabrieb zugeben und für die Säure und für den Biss Granatapfelkerne. Mit Fleur de Sel würzen und alles gut mischen.

Wenn man Pyramidensalz hat, so eignet es sich gerade hier besonders gut, es direkt vor dem Servieren noch darauf zu streuen. Es gibt so eine kleine Explosion auf der Zunge.

Karpfen-Krapfen

dazu roher Blaukrautsalat

Ein lustiger Buchstabendreher und auch ein etwas verdreht anmutendes Rezept; besonders die Personen, die behaupten, sie mögen keinen Karpfen geschweige denn Blutwurst, lassen sich hier ganz gut hinters Licht führen, sie sehen ja nicht, was sie serviert bekommen, und es wird ihnen vermutlich sehr gut schmecken. Der Aufwand lohnt sich allemal, damit konnte ich doch schon so manchen Zauderer überzeugen. Und als Fastenspeise kann man es obendrein gelten lassen, sieht der liebe Gott doch nicht, dass neben Fisch auch Fleisch drin ist. Man muss also keine Sünde beichten.

Zutaten:

Für die Füllung:

2 Karpfenfilets ohne Haut

300 g geräucherte Blutspeckwurst

1 große oder 2 kleine weiße oder rote Zwiebel

2 EL Korinthen alternativ Rosinen

150 ml Rotwein + 1 Gewürznelke

½ TL getrockneter Thymian oder die Blätter von 2 Zweigen frischem Thymian

2 TL Majoran

Salz

Pfeffer, Piment, Galgant, 1 Msp. Zimt

Zubereitung:

Eine Schüssel vorwärmen, in einem kleinen Topf die Milch erwärmen, nur auf etwa Körpertemperatur, nicht heißer, damit die Hefe lebend bleibt. ½ Hefewürfel in die Schüssel zerbröseln, mit 1 TL Vanillezucker flüssig rühren, dann die warme Milch zugeben und im Topf die Butter schmelzen lassen. 1 EL Zucker und 1 TL Salz und die zerlassene Butter zur Hefe-Milch-Mischung geben, 1 Ei mit dazu und alles gut vermischen. Zuletzt das gesiebte Mehl einarbeiten, die Schüssel mit einem Küchentuch abdecken und zum Aufgehen an einen warmen, zugfreien Ort stellen.

Solange der Teig ruht, bereite ich den roten, rohen Krautsalat zu. Ich verwende dafür bevorzugt das blaue Spitzkraut, das man im Herbst, zu Beginn der Karpfenzeit, oftmals auf dem Gemüsemarkt bekommen kann. Es ist zarter als der normale, runde Blaukrautkopf und daher natürlich für einen rohen Salat besonders gut geeignet. Leider lässt es sich nicht so lange lagern und so greift man im Winter natürlich auf das Kopfkraut zurück.

Vom Spitzkraut entferne ich die äußeren Blätter, halbiere es und entferne den Strunk. Das Kraut zerkleinere ich mit einem Hobel in feine Streifen. Da das blaue Spitzkraut nicht so stark färbt wie seine runde Schwester, kann man den Strunk und die äußeren Blätter gut zur Herstellung einer Gemüsebrühe aus Gemüseschalen und -abschnitten weiter verwenden. Zum geschnittenen Kraut gebe ich, je nach Menge, 2–3 TL Salz und 1–2 TL Zucker und mische sie sehr gut unter. Ich bedecke das Kraut mit einem Teller, den ich noch etwas beschwere, und stelle es beiseite.

Dann bereite ich die Vinaigrette. Dazu zerstoße ich den rosa Pfeffer im Mörser klein, gebe das Traubenkernöl in einen Becher, den rosa Pfeffer

Für den Teig:

125 ml Milch

½ Würfel Hefe

250 g Mehl

1 TL Vanillezucker

1 EL Zucker

1 TL Salz

50 g Butter geschmolzen

1 Ei

Butterschmalz zum Ausbacken

Für den Salat:

1 kleines blaues Spitzkraut, alternativ 1 kleiner Kopf Blaukraut

1 großer säuerlicher Apfel, z. B. Boskop

1 Forellen-Birne oder eine andere feste Sorte

Salz, Zucker

1 EL rosa Pfeffer

50 ml Traubenkernöl

20 ml Balsamico-Essig

30 ml Rotwein

dazu und gieße ein Glas Rotwein und einen schönen alten Balsamico-Essig an; dann vermische ich das Ganze und lasse es noch etwas durchziehen, solange ich den Apfel und die Birne schäle. Ich entferne die Kerngehäuse und schneide von beiden ein paar dünne Scheibchen ab, die ich später zur Dekoration für den Salat verwende. Die übrigen Fruchtteile zerkleinere ich in feine Streifen, die sich dann gut in das Kraut einarbeiten lassen.

Nun wende ich mich wieder dem Teig zu. Ist er schön aufgegangen, knete ich ihn nochmals durch und forme mit bemehlten Händen kleine Bällchen von knapp 3 cm Durchmesser daraus, das ist etwa die Menge Teig eines gut gehäuften Teelöffels. Die Teigkugeln lege ich auf ein gut bemehltes Brett und decke sie mit einem Küchentuch zu. Sie sollen nochmals ruhen und nochmals aufgehen.

Bevor ich nun den Krautsalat vollende, bereite ich schon die Korinthen für die Füllung vor. Ich reduziere den Rotwein (ca. 150 ml) auf etwa die Hälfte und weiche die getrockneten Korinthen darin ein. Ich lege auch noch eine Gewürznelke mit dazu, die ich später wieder entferne.

Nun hole ich mir die Schale mit dem gehobelten Kraut; es müsste jetzt gut durchgezogen und noch etwas weicher geworden sein. Ich lockere es auf und verkoste es auch, um festzustellen, ob es vielleicht zu salzig ist. Sollte das der Fall sein, gebe ich das Kraut in ein Sieb und brause es mit kaltem Wasser ab. Dann drücke ich es leicht aus und versetze es mit der Vinaigrette, die ich vorher nochmals gut durchmische. Ich arbeite die kleingeschnittenen Apfel- und Birnenstreifen mit ein und schmecke nochmals ab.

Für die Füllung der Krapfen schneide ich die enthäuteten Karpfenfilets und die enthäutete Blutwurst in kleine Würfel, ebenso eine milde Zwiebel. Die Zwiebelwürfelchen brate ich in einer beschichteten Pfanne zusammen mit den Blutwurstwürfelchen an, gebe die Fischwürfelchen mit dazu, dann die Kräuter: eine Messerspitze getrockneten Thymian oder die Blätter von 2 Zweigen frischer Thymian und 2 TL Majoran. Dann würze ich mit Salz, Pfeffer aus der Mühle, Galgant, Piment, etwas Zimt und füge noch die eingeweichten Korinthen bei, denen ich die Gewürznelke entnommen habe. Alles gut vermischen und noch 5–7 Minuten fertiggaren.

Nun rolle ich die keinen Teigbällchen, die inzwischen noch etwas aufgegangen sind, zu kleinen runden Fladen aus, gebe in die Mitte einen kleinen Löffel Füllung, lege einen zweiten Fladen obenauf und drücke die Ränder mit dem Stiel des kleinen Löffels fest zusammen, damit die Küchlein beim Ausbacken nicht aufplatzen.

In einem Tiegel mit Butterschmalz backe ich die Küchlein nun von beiden Seiten schön goldbraun aus und lege sie auf eine mit Küchenkrepp belegte Platte. Natürlich können die Krapfen auch in einer Fritteuse gebacken werden.

Foto: Adobe Stock, Eikomedia

Das Stiftland

Den Norden der Oberpfalz zeichnet das Stiftland aus, eine wieder ganz andere Landschaft mit eigenem, besonderem Reiz, dünn besiedelt, sehr viel Kultur und einer ganz eigenen Dialekt-Färbung, die auf das angrenzende Oberfranken und das böhmische Egerland hinführt, eine enge kulturelle Verwandtschaft uralter Tradition. Eine herbe Schönheit, für Fremde fast unsichtbar, kaum fassbar, wie eine geheimnisumwobene Nixe, behütet diese Landschaft ihre vielfältigen Schätze ganz still, in Nebel gehüllt und von weiten, dunklen Wäldern umgeben.

Das Land der 1000 Teiche wird die Tirschenreuther Teichpfanne stolz und liebevoll genannt, wobei die Zahl 1000 nur wegen ihres harmonischen Wohlklangs Verwendung findet; in absoluten Werten ist das weit untertrieben, dürfte es sich im ganzen Landkreis derzeit um das circa Vierfache handeln. Es ist eines der größten zusammenhängenden Teichgebiete Deutschlands.

Vorderer und hinterer Oberpfälzer Wald im Osten und Norden, Fichtelgebirge und Steinwald im Norden und Westen bilden sozusagen den hohen Pfannenrand, in dem die unzähligen Teiche liegen. Wondreb und Naab mäandern und schlängeln sich durch diese Landschaft, deren Bodenbeschaffenheit, nämlich vielerorts Bodenundurchlässigkeit und Gefällearmut, ursächlich für ihre Entstehung sein dürften. Dieses sumpfige Land mit seinen sauren Böden und dem rauen Klima lässt kaum eine ertragreiche Landwirtschaft zu. So entstand als wirtschaftliche Lebensgrundlage die Teichwirtschaft und der Karpfen ersetzte das Rind oder Schwein. Bezeichnenderweise war der Ausdruck für die Teichwirtschaft früher „Fischweide“. Auch wenn Regenreichtum, verursacht durch die großen umliegenden Wälder, zu niedrigeren Temperaturen, mehreren Wolken und zu weniger warmen Sonnentagen führt und dies ein Nachteil für das Wachstum des wärmeliebenden Karpfens ist, gelang die Fischzucht sehr gut.

Das ist nicht zuletzt das Verdienst der Mönche des Klosters Waldsassen, auf das die Bezeichnung „Stiftland“ zurückgeht, und auch der Mönche der großen böhmischen Klöster, heute in Tschechien gelegen. Für die Mönche galt ja das strenge Fleischverbot an den Fasttagen und während der Fastenzeiten und so hatte die Ernährung mit Fisch eine sehr große Bedeutung.

Ihre erste große Blütezeit erreichte die Teichwirtschaft bereits im 14. und 15. Jahrhundert. Es waren nicht nur Karpfen, die die Mönche gezüchtet haben, auch Aal, Hechte, Krebse und Forellen standen

Das Wahrzeichen des Stiftlands: die wunderschöne Dreifaltigkeitskirche Kappl

auf dem Speiseplan. Für die Setzlinge hatten die Bauern einen Zehnt an die Mönche zu leisten.
Mit der Säkularisation und dem damit verbundenen Niedergang des Klosters ging es auch mit der Fischkultur steil bergab. Die Folge waren viele Trockenlegungen und auch mit den Fischen verbundenes altes Brauchtum verschwand.
Erst die Gründung der Fischereivereine in Bayern Ende des 19. Jahrhunderts führte wieder zu einer neuen Belebung der Fisch- und Teichwirtschaft. Mit großen Anstrengungen, unendlich viel Mühen und Plagen und nicht ohne Rückschläge, entwickelte sich im vergangenen Jahrhundert dieses bedeutende Karpfengebiet mit vielen zusätzlichen Besonderheiten und Raritäten von Natur und Kultur, die wir hier entdecken können.
Fangen wir mit dem Steinwald, dem südwestlich gelegenen Rand der großen Teichpfanne an. Hier wird nicht nur besonders gutes Bier gebraut; in den romantischen felsig-moosigen Wäldern hat schon seit Längerem der Luchs eine Heimat gefunden. Und noch ein Tier hat hier ein Vorkommen: die Flussperlmuschel. Früher so häufig, dass die Bauern sie teilweise den Hühnern verfütterten, haben die Bestände erst seit etwa den letzten vierzig Jahren europaweit so rasant abgenommen, dass sie strengstens geschützt ist. 300 Millionen Jahre konnte sie überstehen, kann bis zu 130 Jahre alt werden und plötzlich ist es vorbei. Nur noch ein ganz kleiner, kläglicher Rest, vielleicht noch 0,1 % ist übriggeblieben und auch er ist aufs Höchste gefährdet.
Die Flussperlmuschel braucht zum Leben kalkarme, schnellfließende, sauerstoffreiche, sommerkühle Gewässer, eine möglichst unberührte Natur. Das lieben auch die Bachforellen, ein Zwischenwirt,

Waldsassen Klosterbrücke

den die Muscheln zu ihrer Vermehrung dringend benötigen. In ihren Kiemen wachsen die kleinen Muschellarven heran, bis sie nach etwa zehn Monaten als winzige Muscheln ins Kiesbett des Bachs abfallen. Wegen des strengen Schutzes und weil auch die weiteren, bei uns lebenden Teichmuscheln unter Naturschutz stehen, habe ich hier kein Muschelrezept entwickelt; aber eine schöne frische Forelle, die nicht gerade aus dem Grenzbach kommt, sondern aus einem der vielen kleinen Teiche in seiner Nähe, macht doch richtig Gelüste.

Das angrenzende Fichtelgebirge gehört zwar nicht zur Oberpfalz, sondern zu Oberfranken. Es hat aber so viel Bezug und Bedeutung, schon alleine durch die geographische Lage, aber auch wirtschaftlich und kulturell, sodass es hier zu erwähnen ist. Im Fichtelgebirge, der Europäischen Hauptwasserscheide, entspringen die Fichtelnaab und die Haidenaab, die beiden rechten Hauptzuflüsse der Naab, aber auch die Eger, die ihren Lauf direkt nach Böhmen zum schönen, berühmten Karlsbad nimmt und dann weiter der Elbe zuströmt. So trennen sich die hier entspringenden Wässer in Schwarzes Meer und Nordsee.

Hier, wo die vielen Quellen so nahe beieinander liegen, beginnen auch die vielen Kurbäder mit schwefelhaltigen und auch radonhaltigen Thermen. Sie ziehen sich vom Fichtelgebirge durch das Stiftland hinein ins Egerland, von Alexandersbad bis über das jüngste, das Sibyllenbad, zu den drei berühmtesten, heute in Tschechien gelegenen: Franzensbad, Marienbad und Karlsbad. Die höchste Prominenz traf sich dort und hat auch ihre Spuren hinterlassen,

Eger-Quelle

ob Beethoven, Goethe oder das deutsche und das österreichische Kaiserhaus.

Ganz nahe der Eger-Quelle, bei der Rapunzel, Brunnenkresse und Grenzling unmittelbar nebeneinander wachsen und dem Wildkräuter- bzw. Wasserkräuterkundigen verraten, dass es sich hier um ganz sauberes, leicht saures Wasser handelt, und sie hier besonders fein schmecken müssen, liegt der Ort Weißenstadt. Neben dem großen Weißenstädter See wurde erst 2016 eine Therme eröffnet, die auch radonhaltiges Wasser bietet. So klein die Stadt mit ihren etwa 3000 Einwohnern auch sein mag, sie birgt viele kulinarische Spezialitäten, die ihren Weg in die weite Welt hinaus finden, seien es Schnäpse aus Sack's Destille, die aus Kräutern des Fichtelgebirges hergestellt werden, oder Leupoldts Soßenlebkuchen zur Bindung dunkler Soßen, die hier ihre Entstehung haben.

Geräucherte Bachforelle

mit Papaya-Linsen-Salat

Zutaten:

4 geräucherte Bachforellen

2 kleine Papaya, es genügt oft auch eine große, wenn sich zwei Personen ein Schiffchen teilen

250 g Beluga-Linsen

Je 2 EL gelbe Berglinsen und rote Linsen (zur bunten Dekoration, kann man auch weglassen)

2 Blätter Lorbeer

2 Schalotten

2 Sherrygläser trockener Sherry

1 EL Balsamico-Essig

1 EL Butter

Salz und Pfeffer aus der Mühle

Zubereitung:

Die Beluga-Linsen mit den Lorbeerblättern in gut ½ Liter Wasser ohne Salz und sonstige Gewürze zum Kochen bringen und 20 Minuten weich kochen. Wenn man noch Berglinsen verwendet, diese in einem gesonderten kleinen Topf kochen, ebenso nur in Wasser, sie würden zusammen mit den Beluga-Linsen ihre Farbe verlieren. Die Schalotten schälen und sehr klein würfeln. In einem kleinen Topf oder einer Kasserolle die Butter schmelzen lassen und die Schalotten bei milder Hitze darin anschwitzen, dann den Sherry dazugießen und das Ganze auf etwa ⅓ des ursprünglichen Volumens reduzieren. Die inzwischen weich gekochten Beluga-Linsen über einem Sieb abgießen und die Lorbeerblätter entfernen. Auch die bunten Linsen abseihen. Die Beluga-Linsen zu den Schalotten geben, mit Salz und Pfeffer würzen und bei milder Hitze unter Rühren noch soweit einkochen, bis keine Flüssigkeit mehr am Boden des Topfes zusammenläuft. Von der Platte nehmen und den Balsamico-Essig zufügen.
Die Papaya halbieren und die Kerne mit einem Löffel herauskratzen.
Die Papayakerne mit zu den Linsen geben und gut vermischen.
Die bunten Linsen noch mit unterrühren und, wenn man mag, auch etwas vom Fruchtfleisch der Papaya. Dann verkosten und mit Salz und Essig abschmecken.

Den Linsensalat in die ausgehöhlten Papayahälften füllen und servieren.

Eine feine, frisch geräucherte Bachforelle braucht fast keine Begleitung, um ein höchst delikates Abendessen zu sein. Ein fein abgeschmeckter Salat aus der kleinen Beluga-Linse jedoch passt hervorragend dazu und sättigt gleichzeitig. Die Würze lässt sich mit den Kernen der Papaya, die nach Brunnenkresse schmecken, noch verfeinern und macht die Linsen zudem auch bekömmlicher. Ein wenig des Fruchtfleischs darf dabei ruhig mit auf den Löffel geraten.

Das Wirtshaus im Gut

in Göpfersgrün bei Wunsiedel

Das urkundlich älteste erwähnte Gebäude im Fichtelgebirge (12. Jahrhundert) wurde 1999 vom landwirtschaftlich genutzten Gut zu einem der schönsten Wirtshäuser in der Region umgebaut. Mit der Familie Gläßl fanden die Besitzer ein erfahrenes und engagiertes Wirtsehepaar, das das „Wirtshaus im Gut" schnell zu einem kulinarischen Kleinod machten

Karpfen blau

Diese Zubereitungsart stammt aus früheren Zeiten als das Fleisch oder der Fisch nur zu Festtagen gereicht wurde und der Appetit groß war. Also ernährte man sich mehr von den Beilagen oder genauer gesagt von den „Erdepflknierlern" (Kartoffelknödel), die als Beilage mit einer kräftigen „Braih" (Soße) gereicht wurden. Dazu gab es typische Salate wie gekochter Sellerie, Karotten und Endiviensalat, der süß-säuerlich angemacht wurde.

Zutaten für den Sud (2 Pers.):

3 l Wasser

1 Pck. Hofer Allerlei

100 g Salz

100 g Zucker

⅛ l Essig

Wurzelgemüse: Zwiebel, Lauch, Karotten, Sellerie

Alles miteinander in einem Topf zum Kochen bringen und 10 Minuten sieden lassen

1 küchenfertigen gespaltenen Karpfen kräftig mit Salz, Pfeffer, Piment würzen und in den Sud ca.15 – 20 Minuten ziehen lassen

Zutaten für die Soße:

0,25 l von dem Sud

1 EL Rosinen

40 g braune Butter

30 g Zucker

1 EL Mehl

⅓ Leupoldts Soßenkuchen

Salz, Pfeffer, gemahlener Piment und 1 Würfel Instant-Gemüsebrühe

Kloster Waldsassen

Unweit von Weißenstadt, Richtung Marktredwitz und Stiftland, liegt das „Wirtshaus im Gut". Da kommen Leupoldts Soßenkuchen nicht nur zur Wildsoße oder zur Sauerbratensoße, auch für die Soße zum Karpfen werden sie genommen. Weithin bekannt, nicht nur in Oberfranken und in der Oberpfalz, ist „der Gläßl" für seinen ausgezeichneten Fischsud, der den Karpfen zu einer Delikatesse werden lässt. Im Aquarium im Wirtshaus schwimmen sie, die Stiftländer Karpfen, neben Forellen und manchmal sogar einem Waller, bis sie ganz frisch auf dem Teller landen.

Für meinen festlichen Silvesterkarpfen habe ich Gläßls braune Soße etwas abgewandelt, wenn man so will etwas modernisiert.

Vom Wirtshaus im Gut ist es nur einen Katzensprung ins Stiftland. Über Kondrau, das durch seine feinen Mineralwässer bekannt ist, kommen wir nach Waldsassen. Hoch erhaben, über viele Treppen zu ersteigen, steht das barocke Kloster, das einen einmaligen Kirchenraum und die berühmte Klosterbibliothek mit dem süßen kleinen Mäuschen beherbergt. Georg Dientzenhofer, der nach der Säkularisation den Neubau der Abteigebäude geleitet hat, ist auch der Architekt der ganz nahe gelegenen Wallfahrtskirche Kappl. Der heiligen Dreifaltigkeit geweiht, hat er diese Kirche ganz exakt nach dem Dreierprinzip konstruiert und damit eine architektonische Besonderheit unter allen deutschen Kirchenbauten geschaffen. Ist man in der Gegend, so ist ein Abstecher zu dieser Kirche fast ein Muss und absolut sehenswert und lohnend.

Durch Waldsassen, direkt am Kloster vorbei, fließt die Wondreb, neben der Tirschenreuther Waldnaab das bedeutendste fließende Gewässer des Stiftlandes. Beide entspringen im Oberpfälzer Wald, direkt an der tschechischen Grenze, wo eine weitere große Wasserscheide liegt. Die Tirschenreuther Waldnaab fließt, wie ihr Name schon sagt, in die Naab und Donau, die Wondreb dagegen fließt zuerst westlich durch das Stiftland und dann in einem großen Bogen nach Norden und schließlich wieder nach Osten über die böhmische Grenze in den Jesenice-Stausee und schließlich in die Eger. Wie so viele Bäche und Flüsse, die in dieser waldreichen Gegend entspringen, wurde und wird auch die Wondreb zur Energiegewinnung genutzt; so treibt sie in Großkonreth das Mühlrad für ein Sägewerk, bevor sie in vielen Schleifen und Mäandern zu dem nach ihr benannten Pfarrdorf Wondreb weiterfließt. Für den nur 400 Seelen kleinen Ort erscheinen die barocke Pfarrkirche und der barocke Pfarrhof unverhältnismäßig groß und zeigen den Einfluss des Klosters Waldsassen sehr deutlich.

Ein ganz besonderer kulturgeschichtlicher Schatz ist hier noch zu finden, die Totentanzkapelle, in der auf Bildtafeln an der Decke der Totentanzzyklus festgehalten ist. Nahe Wondreb liegt die Hendlmühle, die Heimat des Schriftstellers Werner Fritsch, der gerne hierher an diesen idyllischen Ort zurückkehrt. Hier kann man einen ganz erholsamen, naturverbundenen Urlaub machen und darf sich seinen Fisch aus den am Wald gelegenen Weihern selbst angeln; vielleicht eine Schleie?

Die Wallfahrtskirche Sankt Sebastian, geläufiger unter den Namen Kleine Kappl

Schleie

im Papillon

Zutaten:

Für die Fische:

2 Schleien küchenfertig

1 große Karotte

1 Lauch, davon das Weiße

4 Zweige Petersilie

4 Zweige Dill

3 Zitronen-Kumquats, alternativ 6 kleine Orangen-Kumquats

Salz

Weißer Pfeffer aus der Mühle

2 TL Öl

2 Bogen Backpapier

Küchengarn

Für die Schwarzwurzeln:

Knapp 1 kg Schwarzwurzeln

1 l Milch

Saft ½ Zitrone

2 Eigelb

3 Eiweiß

¼ l Weißwein

150 g Mehl

Salz

Zucker

Muskatnuss

Frittieröl oder Butterschmalz zum Ausbacken

Zubereitung:

Die küchenfertigen Fische gut waschen und mit Küchenkrepp vorsichtig abtupfen. Das Gemüse, eine große Karotte und das Weiße vom Lauch, in sehr feine Streifen, Julienne, schneiden.

Die Kräuter werden grob geschnitten; von der Petersilie sollten überwiegend die Stiele verwendet werden, da diese das meiste Aroma enthalten. Die Blätter bieten eine schöne Dekoration. Sind die Stiele sehr dick, sollte man sie vor dem Zerkleinern noch einmal längs durchschneiden.

Für die Säure, die ein Fisch so gerne hat, verwende ich Kumquats, am besten die etwas größeren Zitronen-Kumquats, und schneide sie in dünne Scheibchen. Die Kerne entfernen, denn die Scheibchen mitsamt der Schale werden ja dann mitgegessen. Die Fische besonders auch innen salzen und mit weißem Pfeffer etwas würzen, dann mit Gemüse, Kräutern und etwa der Hälfte der Kumquatscheiben befüllen.

Inzwischen wird der Herd auf 200° C (180° C Umluft) vorgeheizt.

Zwei große Teile Backpapier zurechtrichten, nur ein paar Tropfen Olivenöl darauf träufeln und 2–3 Scheibchen Kumquats darauflegen.
Dann werden die Fische daraufgelegt, noch 2–3 Scheibchen Kumquats on top und schon kann man kleine Pakete falten. Die Seiten mit einem Küchengarn zubinden, damit es aussieht wie ein großes Bonbon. Die Pakete auf das Gitter im Herd legen und ca. 20 Minuten garen.

Die Schwarzwurzeln gut waschen und zügig schälen. Zum Schälen unbedingt Handschuhe tragen, da der Milchsaft der Schwarzwurzel sich ziegelrostbraun verfärbt und extrem klebrig wird. Die geschälten Wurzeln in eine Schale mit Wasser und etwas Zitronensaft legen, damit sie nicht anlaufen. In einem Topf 2 Liter Salzwasser und 1 Liter Milch zum Kochen bringen und die in etwa fingerlange Stücke geschnittenen Schwarzwurzeln darin 10–12 Minuten kochen.

In der Zwischenzeit den Ausbackteig anrühren. Dazu die Eier trennen, 3 Eiweiße mit einer Prise Salz steif schlagen. 2 Eigelb mit Salz, Zucker, Muskat und dem Weißwein gut verrühren, dann das gesiebte Mehl einarbeiten. Es muss eine glatte, klümpchenfreie Masse entstehen, bevor das Eiweiß mit eingerührt wird.

Die Schwarzwurzeln aus dem Sud heben und abtropfen lassen. In einem flachen Topf oder in einer Fritteuse das Fett erhitzen, die Schwarzwurzelstäbchen zuerst in Mehl, dann im Teig wenden und goldgelb ausbacken.

Die Schleie würde ich gerne die Prinzessin unter den Karpfenfischen nennen, so edel, elegant, jung und frisch sieht sie aus und so wollen wir sie auch besonders zart und liebevoll behandeln. Dazu eignet sich die Zubereitung im Papillon ganz hervorragend, bleiben doch alle Aromen in der Hülle eingeschlossen und können den zarten Fisch umfließen.
In einem feinen Ausbackteig frittierte oder ausgebackene Schwarzwurzeln mit ihrem zart-nussigen Geschmack begleiten das Gericht.

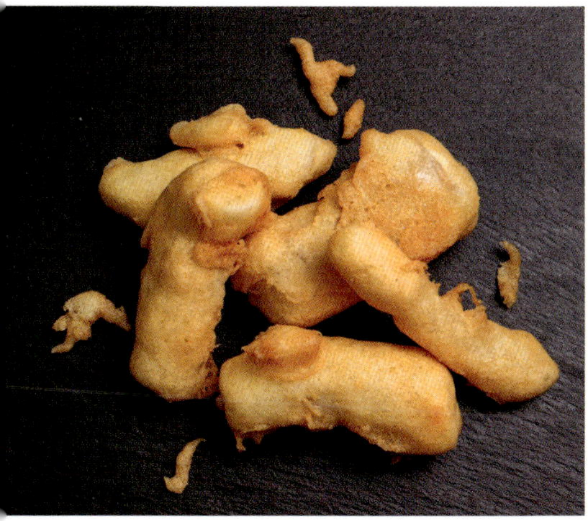

Forelle

aus dem Aromasud auf einem Spätsommersalat

Zutaten:

2 frische Forellen

1 Bund Petersilie

100 ml feines Olivenöl kaltgepresst

1 Flasche 0,7 l Riesling oder Silvaner

2 Zweige Estragon

3 frische Lorbeerblätter

1 EL getrocknete Zitronenverbene (meist als Tee erhältlich)

8 Pfefferkörner

3 EL Walnussessig

Salz

1 große Zehe Knoblauch

1 großer Endiviensalat

1 Bund Blutampferblätter alternativ Sauerampfer

Das Grün von 2–3 Fenchelknollen

1 oder 2 Portulak Pflanzen, je nachdem wieviel sie an Blättern hergeben

2 Forellenbirnen

4 Antalya-Gurken

Meersalz – Fleur de Sel

Pfeffer aus der Mühle oder langer Pfeffer frisch gestoßen

Zubereitung:

Als Erstes wird ein Petersilienöl zubereitet, damit die Petersilie ihr Aroma gut an das Öl abgeben kann. Die Petersilie ist im Spätsommer oft schon etwas hart und rau und würde im Mund beim Verzehr des Salats eher kratzen. Etwas Petersilienöl statt einfachen Salatöls macht das Ganze weicher und bringt in dieser Jahreszeit den Petersiliengeschmack noch besser zur Geltung. Man blanchiert einen Bund Petersilie 2–3 Minuten in kochendem Wasser, nimmt dann die Petersilie heraus und schreckt sie in Eiswasser ab, damit sie ihre grüne Farbe behält. Das Kochwasser nicht weggießen, man kann es gleich für den Forellensud verwenden. Die Petersilie ganz fest auspressen, dann grob zerkleinern und in einen Küchenhäcksler geben. Mit knapp 100 ml feinem kaltgepressten Olivenöl auffüllen und glatt mixen.

Für den Forellensud verwendet man nun einen Liter des Petersilienkochwassers und bringt es mit einer Flasche (0,7 l) Weißwein (Riesling oder Silvaner) zum Kochen. Zum Aromatisieren versetzt man den Sud noch mit 2 Zweigen Estragon, 3 frischen Lorbeerblättern, 1 EL getrockneter Zitronenverbene und 8 Körnern schwarzer Pfeffer. Das Ganze 3 Minuten kochen, dann die Hitze wegnehmen, 2 TL Salz und 3 EL Walnussessig

Satte Aromen, die sich in der Sommersonne entwickeln konnten, umgeben diesen zarten Fisch und entwickeln ein Gefühl von Genuss, Frische und Wärme und zugleich von Reife und Wohlbehagen.

dazugeben, dann verkosten und falls noch Säure fehlt, etwas vom Essig dazugeben.

Die gut gewaschene Forelle nur leicht und vorsichtig abtupfen und in den Sud legen. Nur ziehen lassen, nicht mehr stark kochen; die Forelle ist je nach Größe in 7 – 10 Minuten gar. Man erkennt das, wenn sich die Rückenflosse leicht ausziehen lässt. Dann kann die Forelle entnommen werden.

Für den Salat bereite ich die einzelnen Komponenten vor, die ich dann auf die Teller verteile. Zuerst muss natürlich alles gewaschen sein. Vom Endiviensalat schneide ich die gelben, zarten Herzblätter heraus, ich zupfe einige Blutampferblätter, von den Fenchelknollen verwende ich das zarte Grün, vom Portulak zupfe ich die dicken glänzenden Blätter ab – und in diesem Fall hatte ich auch noch einige hübsche Blüten des Zierportulaks. Von den Birnen entferne ich Stiel und Kernhaus und schneide sie in dünne Spalten (Sechzehntel) und die Gurken, am liebsten verwende ich hier die kleinen türkischen Antalya-Gurken wegen ihres kräftigen Geschmacks und ihrer glatten Schale, schneide ich in 1 ½ cm dicke Scheibchen.

Ich halbiere eine große Knoblauchzehe und reibe die Tellermitte der einzelnen Teller damit aus. Darauf verteile ich die Salatkomponenten und übergieße sie mit einigen Tropfen Petersilienöl und statt Essig kommt etwa 1 EL klarer Aromasud pro Teller darüber.

Die Forelle – im Optimalfall ist sie noch warm – wird aus der Haut genommen, von den Gräten gelöst und die Filetteile werden auf dem Salat verteilt. Mit feinem Meersalz und Pfeffer aus der Mühle oder noch besser mit frisch gestoßenem langen Pfeffer ist dieses herrliche Spätsommergericht fertig.

STAHL

Forelle

Ponzu

Rohen Fisch zu essen, ist im fernen Osten, ganz besonders in Japan, sehr beliebt. Warum also sollen wir das nicht auch mit unseren heimischen Fischen tun? Eine fangfrische Forelle lädt förmlich dazu ein und man wird es nicht vermuten: Gerade so lässt sich auch ein nicht so großer Freund von Fisch auf dem Tisch überzeugen, denn er hatte bestimmt noch nie einen so feinen, gar nicht an Fisch erinnernden Geschmack auf seinem Teller und auf seiner Zunge.

Zutaten:

4 Forellenfilets

120 g Feldsalat

2 Tassen Jasmin-Reis

Kerne von ½ – 1 Granatapfel, je nach Größe

1 Bio-Zitrone

Ponzu-Sauce

Für das Dressing:

50 ml Walnussöl

25 ml Haselnussöl

1 guter TL süßer Senf

Etwas Yuzu-Saft oder alternativ Saft ½ Zitrone und ½ TL Salz

Zubereitung:

Zuerst den Jasmin-Reis zusetzen. Das ist ganz einfach. Pro Tasse Reis 1 ½ Tassen Wasser in einen Topf geben, Deckel aufsetzen und zum Kochen bringen. Sobald das Ganze kocht, die Herdplatte oder das Gasfeld abschalten. Den Reis einfach im heißen Wasser ziehen lassen, der Deckel muss geschlossen bleiben. Während man die Forelle und die Soßen zubereitet, ist der Reis fertig und genau richtig, etwas klebrig aber nicht zerkocht.

Die Forellenfilets sorgfältig entgräten, die Bauchlappen abschneiden und die Haut abziehen. Dann den Fisch mit einem scharfen Messer schräg in dünne Streifen schneiden.

Für den Feldsalat ein Dressing zubereiten aus Walnuss- und Haselnussöl, einem Spritzer Yuzu-Saft oder alternativ Zitronensaft einer halben Zitrone und etwas Salz, und 1 TL süßen Senf, damit sich das Dressing nicht so schnell und nicht vollständig trennt und man auch etwas Schärfe bekommt.

Die Kerne aus dem Granatapfel brechen, sie können zum Feldsalat und auch zum Reis gegeben werden.

Die Ponzu-Sauce – eine feine japanische Soße, die dort sehr gerne zu rohem oder kurz angebratenem Fisch gereicht wird – mit ein paar Tropfen Yuzu- oder Zitronensaft versetzen und in Schälchen füllen.

Den Reis in Schalen dazu reichen. Wenn man ihn mit Zitronenabrieb bestreut und einige wenige frische Dillspitzen dazu gibt, erhält er noch seinen letzten Pli.

Weit hört man das Rauschen des Muglbach-Wasserfalls

Beinahe wäre die Wondreb der Flurbereinigung zum Opfer gefallen und das Naturschutzgebiet Wondreb-Aue gäbe es nicht. Es brauchte mehrere Einsprüche und Kämpfe bis schließlich durch das Fischereirecht das Begradigen verhindert werden konnte und diese romantische, teils fast unberührt erscheinende Landschaft erhalten werden konnte.

Bei Waldsassen hat die Wondreb doch schon eine ganz schöne Größe erreicht, sie hat ja auch schon viele Seitenbäche in sich aufgenommen. In der Klosterchronik wird sie auch als ein recht fischreiches Gewässer erwähnt. So ist sicher so manche Forelle auf den Tellern der Mönche gelandet und wird vielleicht auch heute noch den Speiseplan der Zisterzienserinnen erweitern.

Weiter hinter Waldsassen fließen der Wondreb viele Bäche zu und sie ist bereits in Tschechien, wenn sie der Muglbach erreicht. Vorher, noch auf deutscher Seite, kann man im Wald ein kräftiges Rauschen hören. Folgt man seinen Ohren und steigt hinunter in eine Waldschlucht, kann man sich an schönen Wasserspielen erfreuen. Das macht auch richtig Lust auf eine ganz frische Forelle, hauchdünn aufgeschnitten und roh verzehrt.

Geht man vom Muglbach-Wasserfall aus den Berg hinauf an den Waldrand, so wird man mit einer wunderschönen Aussicht belohnt; über die Kleine Kappl sieht man die Hügel des nördlichen Stiftlands bis weit ins Böhmische hinein. Ein kleines Stück weiter erscheint auch das Sibyllenbad, eines der jüngsten Kurbäder. Auch hier gibt es Radonbäder und einen liebevoll angelegten und gepflegten Kurpark mit botanischem Garten.

Überall ist die tschechische Grenze ganz nah, man merkt es oft kaum, wenn man sie übertritt, wären da nicht immer einmal wieder die Grenzpfosten, die darauf hinweisen. So trifft man diese auch auf dem Weg zur Waldnaab-Quelle, denn der fast unwegsame Waldsteig, der dorthin führt, verläuft großenteils auf der Grenze. Die Waldnaab selbst entspringt hier auf deutscher Seite, nimmt aber ihren Verlauf erst einmal nach Tschechien, bevor sie wieder in die Oberpfalz zurückkehrt. Der erste Ort im Stiftland, den sie tangiert, ist Bärnau. Neben Karpfen und Forellen, Zander und Saiblingen gibt es nahe Bärnau noch so einige kulinarische Spezialitäten in den unzähligen Teichen und Bächen.

In Bärnau selbst werden wir sehr an die Flussperlmuschel erinnert. Hier befindet sich das Knopfmuseum, das an die Hoch-Zeit der Knopfherstellung erinnert. Noch

Muschel, aus der Perlmuttknöpfe gestanzt wurden, in einem Blumentopf vor dem Knopfmuseum

Mitte des 20. Jahrhunderts wurde das Perlmutt zu Knöpfen verarbeitet, die die Frauen in Heimarbeit auf Papierbögen aufnähten und sich so noch ein kleines Zubrot verdienen konnten. Vom einfachen Hemdknöpfchen bis zu prachtvollen Zierknöpfen und sogar Schmuckstücken wurde in 70 Betrieben das Perlmutt verarbeitet. Heute ist nur noch ein Betrieb übrig. Plastik hat das Perlmutt verdrängt.
Nahe Bärnau befinden sich Naturteiche mit eigenen Quellen, in denen sich eine Edelkrebszucht befindet. Die Stiftlandkrebse dürfen hier heranwachsen und die kapitalen Männchen werden dann ab einem Alter von 5 Jahren an die Gastronomie abgegeben. Mit sehr viel Liebe, Geschick und Erfahrung werden diese Urzeittiere gezüchtet und vor ihren Feinden, den amerikanischen Einwanderern, die die Krebspest übertragen, aber auch vor dem possierlichen, streng geschützten, aber leider auch mit einem großen Jagdtrieb ausgestatteten Fischotter geschützt.
Was man aber in der Oberpfalz an Wassertieren so gar nicht erwartet, kann man im Hofladen des Bürgermeisters von Bärnau erwerben. In einer Fisch-Indoor-Anlage wachsen wunderbare Oberpfälzer Garnelen, die mit einem Gewicht von 20–25 Gramm geerntet werden und wunderbar frisch, ohne lange Wege auf den Tisch kommen. Eine ausgezeichnete Qualität und natürlich eine herrliche Frische bekommt man hier serviert aus einem hochmodernen, sehr sauberen, hygienischen Betrieb. So macht es richtig Freude, hier einzukaufen und seine Freunde und Gäste mit ausgezeichneten, heimischen Produkten zu bekochen und zu verwöhnen.
Ein kleines Stück westlich hinter Bärnau liegt der Liebensteiner Stausee. In ihn

Die Schafe ersetzen den Rasenmäher zwischen den Fischweihern in Schwarzenbach bei Bärnau

Waldnaabquelle

Bachbunge im Geisbach

fließen die Tirschenreuther Waldnaab und auch der Geisbach, der ganz nahe der Waldnaab auf dem Entenbühl entspringt, aber gleich in der Oberpfalz bleibt und nicht erst einmal nach Tschechien über die Grenze schaut. Der Stausee dient, wie auch die meisten anderen Stauseen im Oberpfälzer Wald, der Hochwasserregulierung nach der Schneeschmelze und dem Wasserausgleich während der Sommerzeit; zugleich auch der Stromgewinnung und als Naherholungsgebiet. Derzeit wird wegen einer Brückensanierung sein Wasser abgelassen und man kann ein breites grünes Algenband sehen, ein schönes, verblüffendes Farbspiel. Professionelle Muschelschützer haben dieses Algenband mehrfach durchkämmt, damit die hierin befindlichen Muscheln nicht austrocknen und sterben. Verschiedene Arten der Teichmuscheln konnten sie finden und retten, denn auch die Teichmuscheln sind vom Aussterben bedroht und stehen unter Naturschutz. Deshalb ist kein Muschelrezept in diesem Buch verfasst, obwohl in vielen der schönen, sauberen Teiche des Stiftlands die Muschel gar nicht so selten scheint und ihren Dienst der Wasserreinigung versieht. Auch ein sehr artenreicher Fischbestand ist im Liebensteiner Stausee anzutreffen. So man Glück hat, was mir leider nicht beschert war, kann man selbst die schmackhafte, inzwischen recht seltene Rutte an die Angel bekommen; jedoch ein nicht weniger feiner Zander lässt mir auch den Mund wässerig werden.

Den Abfluss des Liebensteiner Stausees bildet alleine die Waldnaab, der Geisbach bleibt sozusagen einverleibt. Die Tirschenreuther Waldnaab wendet sich aber erst einmal nach Norden nach Tirschenreuth, der Kreisstadt und dem Zentrum der Seenplatte, um hier noch den Kainzbach und die Wiesau mitzunehmen und schließlich ihre Reise nach Süden bis zur Donau hin anzutreten.

Warme Karpfenterrine

auf Mangoldbett

Kleine Trickkiste: Hat man Karpfen auf dem Speiseplan und bekommt überraschend einen oder zwei „Mit-Esser" mehr, so hilft dieses Rezept leicht aus der Klemme.

Zutaten:

2 Karpfenfilets geschröpft

60 g heißgeräucherter Bauchspeck

2 Eier

100 ml Sahne

1 große Zehe Knoblauch in Scheibchen geschnitten

Zitronenpfeffer

1 Staude Mangold

Ein paar Stiele frischer Schnittlauch

Zubereitung:

Den Bauchspeck in winzig kleine Würfelchen (Brunoise) schneiden und in einer Pfanne auslassen; die Würfelchen müssen schön kross sein. In einen Küchenzerkleinerer die Eier, die Sahne, die Knoblauchzehe und den Zitronenpfeffer geben. Die kaltgestellten Karpfenfilets von der Haut schneiden und grob würfeln, mit in den Zerkleinerer geben und durchhäckseln.

Den Ofen auf 160° C vorheizen und eine Schale mit kochend heißem Wasser unten in den Herd stellen. In eine feuerfeste Auflaufform mit einem Löffel die Speck-Brunoise und einen Großteil des ausgetretenen Fetts einfüllen und gleichmäßig verteilen. Mit einem Pinsel auch die Wände der Form gut ausstreichen. Dann die Masse gleichmäßig in die Auflaufform füllen und 45 – 50 Minuten backen. Die Masse muss ganz gestockt sein.

In der Zwischenzeit den Mangold in die einzelnen Blätter trennen und waschen. Die grünen Blätter von den Stielen trennen. Die Stiele können separat, z. B. wie Spargel, verarbeitet werden. Die grünen Mangoldblätter in der Pfanne mit dem restlichen Fett des ausgelassenen Specks leicht anbraten, bis er etwas zusammenfällt. Nur leicht salzen, etwas pfeffern und, wenn man will, kann man auch etwas Knoblauch darüber reiben.

Den Mangold auf einer vorgewärmten Platte anrichten, die Terrine darauf stürzen und mit Schnittlauchröllchen bestreuen.

Edelkrebs

auf Artischocke

Zutaten:

4 Edelkrebse gegart

4 große Artischocken

2 Bio-Zitronen

3 Eigelb

2 TL scharfer Dijon-Senf

150–200 ml Traubenkernöl

4 EL Griechischer Joghurt

1 TL Tomatenmark

1 EL Tomatenketchup

2 cl feiner Cognac

Feines Meersalz

Piment de Espelette

1 hartgekochtes Ei

4 Radieschen

1 rote Chilischote

Ein paar kleine Blätter Blutampfer

Dill und Petersilie, wenn vorhanden auch Kerbel

Zubereitung:

Zuerst bereite ich eine Art Cocktailsauce. Dazu ziehe ich zuerst eine Mayonnaise aus 3 Eigelb, 2 TL Dijon-Senf, 1 TL Zitronensaft und einer guten Prise Fleur de Sel, auf die ich 150 ml Traubenkernöl gieße, mit dem Mixstab vermische und diesen langsam hochziehe. Die Mayo muss nicht sehr fest sein, soll aber schon Stand haben. Davon nehme ich gut 4 EL ab und vermische sie mit etwa derselben Menge Griechischem Joghurt, dem Tomatenmark und dem Tomatenketchup. Dann gebe ich noch 2 cl Cognac dazu und würze mit Fleur de Sel, Piment de Espelette und Zitronenabrieb. Etwas durchziehen lassen und abschmecken.

Dann bereite ich die Artischocken zu. Dazu setze ich einen großen Topf, in den ich die vier geputzten Artischocken einlegen kann, mit Salzwasser zu und bringe dies einstweilen schon zum Kochen. Von den Artischocken schneide ich die Stiele ab und breche die unteren Blätter weg. Dann schneide ich mit einem großen, stabilen Messer auf Höhe des Blütenbodens durch und entferne mit Hilfe eines Kugelausstechers die vielen Samenhärchen; man nennt sie das Heu. Zügig arbeiten, denn das Fleisch des Artischockenbodens läuft sofort schwarz an! Um das zu verhindern, lege ich eine Zitronenscheibe in den Boden und koche die Artischocken 10 Minuten. Während dieser Zeit breche ich die Krebse aus ihrem Panzer. Dazu wird, wie bei Garnelen auch, erst einmal der Schwanz abgedreht. Durch Zusammendrücken der Schale macht es einen kleinen Knack und man kann die Schale aufbrechen und den Schwanz vorsichtig herausschälen. Die Zangen dreht man ebenso ab und bricht zuerst die kleinere Seite

Der Edelkrebs aus der Oberpfalz braucht sich hinter dem besten Hummer nicht zu verstecken, wird er fein zubereitet. Sehr wichtig ist aus Tierschutzgründen, dass nur Köche und Fischer die Krebse lebend für das Gericht zubereiten dürfen. Für den Nichtfachmann ist der Edelkrebs, wie auch ein Hummer, schockgefroren oder bereits vorgekocht erhältlich. Hier für die Profis, wie ich die Krebse vorbereite: In einem Kochtopf setze ich einen Gewürzsud an mit viel Fenchelfrüchten und ein paar Pfefferkörnern in einem Teebeutel, in einem zweiten großen Topf bringe ich leicht gesalzenes Wasser sprudelnd zum Kochen. Darin lasse ich jeweils nur einen Krebs gut eine Minute und koche ihn dann im Gewürzsud noch knapp 10 Minuten weiter. Wenn das Salzwasser wieder sprudelnd kocht, kommt der nächste Krebs hinein und dann zum ersten Krebs in den Gewürzsud usw.

ab. Oft lässt sich das Fleisch direkt herausziehen, sonst knackt man die Schale mit einer Krebszange, einer Partyzange oder auch einem Nussknacker an. Beim Abdrehen der Schere geht auch meist das Knorpelblatt mit heraus, sonst muss man es herausziehen. Die große Schere auch leicht anknacken und vorsichtig aus der Panzerschale ziehen.

Für das Anrichten noch die Radieschen in Stifte schneiden und das Ei in Scheiben. Die Artischocken aus dem Wasser nehmen, die Zitronenscheibe entfernen und die Blätter am Rand des Bodens abziehen; es laufen da recht harte Fasern entlang, die beim Essen stören würden; diese entfernen.

Die Artischockenböden auf den Teller legen, mit 1 oder 2 Scheiben Ei belegen und 2 bis 3 Löffel der Sauce darüber gießen. Das Krebsfleisch darauf legen und mit den Kräutern, ein paar Röllchen der Chilischote und den Radieschen garnieren.

Lassen Sie sich den Hochgenuss aus der Oberpfalz munden!

Hechtkraut

König Ludwigs Leibgericht

Zutaten:

600–800 g Hechtfilets

8 bayerische Garnelen

1 Spitzkohl oder 1 Jaromakohl (flaches Weißkraut, sehr zart)

6 Schalotten

2 x 2 EL Rapsöl

1 EL Butter + weitere Butter zum Ausstreichen der Backform

Etwa 50 g Krebsbutter alternativ Butter als Flocken zum Aufsetzen

Salz

Zucker

Muskat

Saft und Abrieb von 1 Zitrone

Ca. ½ Flasche Champagner oder Cremant

1 Tasse Noilly Prat

Mehl, Ei und Semmelbrösel zum Panieren

2 EL Butterschmalz

250 g cremiger Frischkäse Vollrahmstufe

50 g frisch geriebener Parmesan

2 cl Pernod zum Flambieren

Zubereitung:

Den Kohl durchschneiden und den Strunk entfernen. Dann den Kohl in etwa 1cm breite Streifen oder 1½ cm breite Rauten schneiden.
Die Schalotten schälen, klein würfeln und in einem flachen Topf in 2 EL Rapsöl und einem guten EL Butter bei mittlerer Hitze andünsten. Nach 1–2 Minuten das Kraut mit dazugeben, den Deckel aufsetzen und weiterdünsten.
Die Hechtfilets in 5 cm breite Tranchen schneiden und mit Salz, Zitronenzeste, etwas Zitronensaft und etwas Champagner marinieren.
Das Kraut salzen, mit Champagner aufgießen, kurz aufkochen, eine gute Prise Zucker und ½ Tasse Noilly Prat angießen und bei milder Hitze nur ganz leicht köcheln lassen.
Für den Hecht eine Panierstation herrichten, d.h. 1 Teller mit Mehl, 1 Teller mit verquirltem Ei und 1 Teller mit Semmelbrösel bereitstellen.
Das Mehl noch mit frisch gemahlenem Pfeffer bestreuen.
Die Hechttranchen nur ganz leicht abtupfen, in dem Mehl wenden, dann im Ei und zuletzt in den Bröseln.
In einer Pfanne Butterschmalz erhitzen und die Hechttranchen darin auf beiden Seiten goldbraun backen. Nicht zu lange, damit das Fleisch des Fisches nicht trocken wird.
Die gebackenen Hechtstücke warm stellen.
Das Kraut mit dem Frischkäse abbinden, etwas Muskatnuss darüber reiben und abschmecken. In eine feuerfeste ausgebutterte Form schichten, die gebratenen Hechttranchen hineinsetzen und mit frisch geriebenem Parmesan bestreuen. Butterflocken aus Krebsbutter aufsetzen und im Backrohr bei 165–170° C 10 Minuten backen.
Währenddessen in einer Pfanne Öl erhitzen, 2 Knoblauchzehen nur einmal durchschneiden und mit hineingeben, dann die Garnelen darin kurz von beiden Seiten bei mittlerer Hitze anbraten, sie sollen nur ihre schöne rote Farbe bekommen. Dann mit dem Pernod flambieren.
Inzwischen ist das Kraut überbacken und es kann angerichtet werden.
Ein paar Blättchen frischer Kerbel bringen nicht nur Farbe ins Spiel, sie unterstreichen auch noch den leichten Pernodgeschmack.
Hier sind auch noch die Bäckchen des Hechts mit aufgelegt.
Da ich einen ganzen Hecht zur Verfügung hatte, habe ich diese Delikatesse aus dem Kopf geschnitten, mit den Hechttranchen mariniert und zuletzt in der Pfanne der Garnelen kurz gebraten.

Diese Version vom Hechtkraut ist so edel, dass sie absolut auf die Tafel in einem der herrlichen Märchenschlösser König Ludwigs passen würde. Ich könnte es mir gut auf seinem „Tischleindeckdich" in Schloss Linderhof vorstellen. Das war ein barocker, prunkvoller Esstisch für eine Person, den der Technikfreak für sich herstellen ließ, um alleine, ohne die Anwesenheit von Personal, aber in Konversation mit imaginären Gästen, bevorzugt dem Sonnenkönig oder mit Madame Pompadour, dinieren zu können.
Der Tisch konnte mit einer Bodenplatte um eine Etage versenkt werden, dort eingedeckt und mit den Speisen versehen und wieder in den Speisesalon hochgefahren werden.

Oberpfälzer Garnelen

Asiatische Gemüse-Pilz-Pfanne

Zutaten:

Für die Gemüse-Pilz-Pfanne:

25g Mu-Err-Pilze

100 g frische Shiitake-Pilze

1 Kohlrabi

4–5 Frühlingszwiebeln

1 Zehe Knoblauch

1 Karotte

Weitere Gemüse nach Belieben: z.B. Paprika, Brokkoli, Erbsen oder Zuckerschoten, Stangensellerie, Mairübchen, Rettich, Mungobohnen, Mais

1 scharfe Paprikaschote

1 pflaumengroßes Stück Ingwerwurzel

Ca. 3–4 Stiele Zitronengras

2–3 EL gut erhitzbares Öl, z.B. Erdnussöl oder auch Rapsöl

Helle Soja-Sauce

Asia-Gewürze bzw. selbst gemischte Würzmischung (Kreuzkümmel, Koriandersaat, etwas Zimt, Schwarzer Kardamom, Schwarzer Pfeffer und/oder Szechuan-Pfeffer, Piment, ganz wenig Nelke)

Zubereitung Gemüse/Pilze:

Die Mu-Err-Pilze bekommt man in Asia-Läden getrocknet zu kaufen und muss sie vor dem Gebrauch in Wasser einweichen. Der Mu-Err-Pilz ist relativ dick und kräftig und benötigt längere Zeit, 1–2 Stunden, um gut gequollen zu sein und nicht zäh zu schmecken. Es ist zu beachten, gut Wasser zuzugeben, damit die Pilze quellen können, und nicht zu viele Pilze zu nehmen, denn sie werden recht groß und man hat meist wenig wegzuputzen.

Das Gemüse vorbereiten, dazu vom Kohlrabi die zarten Blätter abschneiden, sie werden mitverwendet; gegebenenfalls die Stiele etwas zurückschneiden bis die Blattspreite beginnt und die Blätter 2–3 durchschneiden. Die Kohlrabiknolle schälen, darauf achten, dass alle holzigen Fasern mit entfernt werden, und in 3–4 mm dicke Scheiben schneiden. Diese noch 4–5 Mal durchschneiden. Die Frühlingszwiebeln putzen und in 3 cm große lange Stücke schneiden. Den Stangensellerie in 3 cm Stücke schneiden und die scharfe Paprikaschote entkernen und in Streifen schneiden. Die Ingwerwurzel schälen – das funktioniert am besten und sparsamsten, indem man die Schale mit einem kleinen, scharfkantigen Löffel abschabt – und in dünne Streifen schneiden. Ein Teil des Ingwers kommt zum Gemüse, der zweite zu den Garnelen. Die Karotten in dünne Scheiben schneiden und wenn man noch weiteres Gemüse verwenden will, auch dieses entsprechend vorbereiten. Zuletzt noch das Zitronengras mit einem Messergriff besonders am unteren Stielende schlagen und leicht quetschen, damit das Aroma besser abgegeben werden kann. Auch davon gehen 2 Stiele zu den Garnelen und 1–2 zum Gemüse. Die Shiitake-Pilze je nach Größe evtl. halbieren. Sie sollen den anderen Stücken ungefähr angepasst sein. Nun die eingeweichten Pilze in Stücke schneiden, der Größe nach den Gemüseteilen etwas angepasst, von den Mu-Err-Pilzen müssen die unteren Rosetten abgeschnitten werden, sie sind hart und geschmacklos.

In einer Pfanne Öl erhitzen und das Gemüse und die Pilze darin braten, etwa 5 Minuten, dabei öfter umrühren, damit alles gleichmäßig gart. Die Karotten und Pilze zuerst in den Wok oder die Pfanne geben, sie haben die längste Garzeit, dann die weiteren Gemüse, der Reihe nach. Zuletzt mit heller Soja-Sauce würzen und den fertigen oder selbst gemischten Gewürzen und die Zitronengrasstiele wieder entfernen. Wer ihn mag, kann noch ein paar grob geschnittene Korianderblätter darüber streuen.

Zutaten Garnelen:

600 g Garnelen ohne Köpfe bzw. das Doppelte mit Köpfen

3–4 EL Kokosöl

Knapp ½ l Hühnerbrühe oder mit Wasser + 1 TL Soja-Sauce

1 Schuss Reiswein, alternativ 1 Glas Weißwein

3 Zehen Knoblauch

1 pflaumengroßes Stück Ingwer

2 Stiele Zitronengras

Evtl. Chilischote oder Sambal Oelek

Zubereitung Garnelen:

Die Garnelen aus der Schale brechen und den schwarzen Darm entfernen. Oft lässt er sich komplett herausziehen, manchmal aber muss man mit einem Rückenschnitt nachhelfen, um ihn komplett entfernen zu können. Die Schalen und Schwänze in einer kleinen Pfanne mit einem Teil des Kokosöls anbraten und mit Hühnerbrühe oder Wasser 1 TL Soja-Sauce aufgießen. Man kann auch noch einen Schuss Reiswein mit dazugeben und lässt das Ganze 10–15 Minuten köcheln. Statt des Reisweins nehme ich auch gerne einen trockenen Weißwein, so ich welchen übrig habe. Er bringt eine schöne Säure.

In einem Wok oder in einer beschichteten Pfanne das Kokosöl erhitzen, die Garnelen darin von beiden Seiten braten, bis sie die schöne rote Farbe bekommen haben. Den Knoblauch und den Ingwer zum Anbraten gleich mit in die Pfanne oder den Wok geben. Zuletzt den Sud der Garnelenkarkassen durch ein feines Sieb angießen und kurz mit erwärmen. Etwas Orangen- oder Zitronenabrieb macht das Ganze noch feiner und frischer. Wer es sehr scharf mag, kann auch mit einer Chilischote oder entsprechenden asiatischen Würzpasten noch nachhelfen. Ich stelle diese lieber in kleinen Schälchen separat mit auf den Tisch.

Die klassische Beilage zu diesem Gericht ist Basmatireis, wobei ich das zarte Aroma von Jasminreis sehr gerne dazu mag. Die Zubereitung ist ganz einfach: Pro Tasse Reis 1 ½ Tassen Wasser in einem geschlossenen Topf zum Kochen bringen, die Hitze abschalten und mindestens 25–30 Minuten quellen lassen. Der Deckel muss dabei unbedingt auf dem Topf bleiben.

Die Gemüse-Pilz-Pfanne kann auch noch mit Cashewkernen ergänzt werden und etwas geröstetes Sesamöl gibt noch einen stärkeren asiatischen Touch.

Zander-Saltimbocca

Zutaten:

4 küchenfertige Zanderfilets, nicht allzu groß, zusammen 600 – 700 g

8 Scheiben San-Daniele-Schinken

2 Zweige Salbei

1 EL Olivenöl

3–4 EL Butter

250 g Öhrchen-Nudeln (Orecchiette) oder andere Pasta

Salz

Zubereitung:

Die Zanderfilets unter fließendem Wasser leicht abwaschen und vorsichtig trocken tupfen. In 8 etwa gleich große Tranchen schneiden. Die Schinkenscheiben ausbreiten, die Fischtranchen mit der Hautseite darauflegen, auf die Fleischseite ein schönes großes Salbeiblatt legen und mit dem Schinken zu einem schönen Päckchen packen. Wer es gut salzig will, kann den Fisch auch vorher salzen; in der Regel bringt der Schinken schon genug Salz mit. Das Nudelwasser zusetzen und gut salzen. Sobald das Wasser kocht, die Nudeln einlegen und aldente kochen; die Orecchiette brauchen höchstens 9 Minuten.

In einer beschichteten Pfanne das Olivenöl mit einem guten Esslöffel Butter erhitzen und die Fischpäckchen einlegen, zuerst mit der Hautseite nach unten, und 6–7 Minuten bei mittlerer Hitze braten. In der Zwischenzeit in einer weiteren Pfanne die restliche Butter aufschäumen und mit 3 oder 4 Salbeiblättern aromatisieren. Die Fischfilets wenden und noch 3 Minuten braten. Die Nudeln abseihen und in der Salbeibutter schwenken.

Schon kann dieser herrliche Fisch verspeist werden.

Die Salbeiblätter aus der Butter sollten nicht mitgegessen werden, die 2 Blätter aus dem Päckchen sind genug; zu viel Salbei ist ungesund.

Der Zander mit seinem zarten Aroma fügt sich gut zu den verschiedensten, auch kräftigen Aromen und verliert doch nicht seinen eigenen Geschmack und Charakter dabei. Eine verführerische, leichte Sommermahlzeit ist der so zubereitete Zander; so kann er in den Mund springen.

In Tirschenreuth stolpert man an allen Ecken und Enden über den Karpfen. Selbst die künstlerisch gestalteten Skulpturen, die im ganzen Stiftland als Wahrzeichen der Gegend anzutreffen sind, erscheinen hier besonders leuchtend und häufig.
Die wichtigste Zeit des Jahres in Stadt und Landkreis ist natürlich die Zeit des Abfischens im Herbst. Das große Abfischen war schon immer von kolossaler Bedeutung. Es begann und beginnt auch heute noch um Michaeli. Der Michaelitag ist am 29. September und so ist dieses Datum ein Schlüsseltag, sowohl für den in vielen Orten der Oberpfalz abgehaltenen Michaeli-Markt als auch für das Abfischen. Auf die Zeit danach fallen auch erst die verschiedenen Kirchweihfeste, an denen natürlich der Karpfen den Hauptakteur des Festmahls ausmacht.
Das Abfischen ist eine sehr schwere Arbeit. Jede verfügbare Hand ist vonnöten, denn es muss recht schnell gehen. So wie zur Spargelernte oder zum Hopfenzupfen die ganze Verwandtschaft, Freundschaft und Bekanntschaft zum Helfen herangeholt wurde, so war es auch zum Abfischen.
Die Fische werden in Hälterbecken sortiert. Durch die sozusagen vorübergehende Aufbewahrung in Hälterbecken kann der Karpfen auch noch etwas von dem modrigen Geschmack verlieren, der heute lange nicht mehr so ist und ihm leider als üble Nachrede noch anhängt. Die Fische schwimmen in sauberem Wasser und werden nicht mehr gefüttert. Das ist keine Tierquälerei, denn um diese Jahreszeit stellen die Karpfen von Natur aus die Nahrungsaufnahme ein.
Nach Abschluss des großen Abfischens gehen so manche Zaungäste zum „Rinnagröllsschöpfa". Das Rinnagröll sind die entkommenen und liegengebliebenen Kleinfische, die aus den Rinnen und dem Schlamm geschöpft werden und mit heimgenommen werden dürfen.
Wir aber holen uns einen der schönen Karpfen, die übrigens auch bei den Teichwirten nicht täglich auf den Tisch kamen, sondern nur zu den Feiertagen als Festessen; für den Alltag waren sie zu teuer.
Zum Abschied grüßt uns noch die Fischhofbrücke, schon leicht in Nebel gehüllt, als wollte sie uns sagen: „Es war sehr schön, dass ihr mich besucht habt; viele meiner Geheimnisse habe ich euch offenbart; nun ziehe ich mich gerne wieder zurück und genieße die Stille und die herbe Schönheit meiner Heimat. Bitte nicht stören."

Das Abfischen ist Schwerstarbeit

Fischhofpark Tirschenreuth

Karpfen blau

Grundrezept

Der Karpfen blau, fein zubereitet, verträgt sich gut mit den verschiedensten Soßen. Auch viele andere feine Speisen lassen sich daraus zubereiten. Und wie zum Spargel, kann man auch gut zerlassene Butter dazu reichen, am besten eine schöne, leicht gebräunte Nussbutter. Ihr Geschmack harmoniert ganz hervorragend mit dem Karpfenaroma. Keine Angst, der Karpfen gilt zwar als fetter Fisch, vergleicht man ihn aber mit manchem Fleisch, so scheint er eher mager und kann schon etwas Butter vertragen.

Wichtig ist, dass man den Sud fein würzt, mit nicht zu viel und nicht zu wenig Gewürzen, und einen guten Essig verwendet.

Zutaten:

1 mittelgroßer Karpfen, 3–4 Pfund

Wurzelgemüse: ½ oder 1 kleine Sellerieknolle, 1 Petersilienwurzel, 3 Karotten, 1 kleine Stange Lauch, 1 mittelgroße Küchenzwiebel

Gewürze: 1 TL Pimentkörner, 1 TL schwarzer Pfeffer, 1 TL Wacholderbeeren, 1 TL Koriandersaat zum Befüllen des Teebeutels, 2 Lorbeerblätter und 2 Nelken zum Bespicken der Zwiebel, 2 Streifen Orangenzeste

Etwa 3 l Wasser mit Salz und Zucker

¼ l trockener Weißwein

⅛ l Weinessig

100 g Butter

Zubereitung:

Den Karpfen waschen. Dabei darauf achten, dass die Schleimschicht nicht verletzt oder zerstört wird. Durch sie bekommt der Karpfen später seine schöne blaue Farbe. Dann den Sud zubereiten. Dazu in einem großen Topf, in den später auch der Karpfen hineinpasst, Wasser mit Salz und Zucker zusetzen und zum Kochen bringen. Währendessen Sellerie, Karotten und Petersilienwurzeln putzen und schneiden, eine mittelgroße Zwiebel schälen, mit 2 Gewürznelken 2 Lorbeerblätter daran spicken und alles in den kochenden Sud geben; 10 – 15 Minuten bei mittlerer Hitze kochen. Während der Kochzeit noch ¼ l trockenen Weißwein dazugeben, die übrigen Gewürze in einen Teebeutel füllen und mitkochen lassen.

In einem kleinen Topf den Essig zum Kochen bringen. Dann die Temperatur vom Gemüsesud zurücknehmen und den Fisch vorsichtig hineinlegen. Den heißen Essig über den Karpfen verteilen, so bekommt er eine schöne blaue Farbe. Dann den Deckel aufsetzen und den Karpfen je nach Größe etwa 25 – 30 Minuten nur leicht dünsten lassen.

Inzwischen eine Nussbutter herstellen. Dazu die Butter in einer Kasserolle bei mittlerer Hitze aufkochen lassen. Wenn sie ruhig wird, also wenn man nichts mehr spratzeln hört, bedeutet das, dass die Molke jetzt weitgehend verdunstet ist. Nun die Butter gut beobachten, sie beginnt jetzt zu bräunen und darf nicht zu dunkel werden, damit sie nicht verbrennt. Durch ein Sieb abgießen und warm stellen. Zum Fisch servieren oder auch zum Weiterverarbeiten für eine Soße oder Butterkartoffeln verwenden.

Süß-saure Soße zum Karpfen

Zutaten:

2 EL Zucker

¼ l Wurzelsud vom Karpfen

⅓ Soßenlebkuchen

1 EL Rosinen

1 – 2 EL braune Butter

1 TL Speisestärke

Pfeffer, Piment gemahlen

Soja-Sauce oder Oyster-Sauce

Zubereitung:

Den Soßenkuchen in etwas Sud einweichen. In der Zwischenzeit den Zucker in einer Pfanne oder einer Kasserolle karamellisieren; mit dem Wurzelsud ablöschen. Dann mit dem eingeweichten Soßenkuchen glatt rühren, die Rosinen , die Gewürze und die Butter zugeben, mit Soja-Sauce abschmecken. In einer Tasse die Speisestärke mit etwas Wasser anrühren und in Anteilen in die kochende Soße einrühren, bis sie dicklich wird.

Karpfen im eigenen Gelee

Zutaten:

Wie für Karpfen blau, ggf. schon mit fertigem Sud

Zubereitung:

Den Karpfen wie den blauen Karpfen (Grundrezept Seite 176) zubereiten. Dabei, wie schon erwähnt und so man hat, den übrigen Fischsud vom vorher schon gekochten Karpfen blau mit verwenden. Ist der Karpfen gar, was sich mit dem Flossentest gut feststellen lässt, nimmt man ihn aus dem Sud. Das Gemüse ist häufig auch schon gar und kann ebenso entnommen werden. Man probiert am besten ein Stück Karotte oder Sellerie, es sollte noch gut Biss haben, dann kann man es mit einem Schaumlöffel herausnehmen und beiseitestellen, es gart noch leicht nach. Den Sud lässt man weiter köcheln, er soll mindestens bis auf die Hälfte, besser bis auf ein Drittel reduzieren. Die gespickte Zwiebel und die übrigen Gewürze können noch eine kurze Weile mitköcheln, werden aber dann auch aus dem Sud entfernt. Während dem Reduzieren wird der Karpfen tranchiert. Dazu den Kopf entfernen; die großen Feinschmecker können auch noch die Bäckchen aus dem Kopf lösen und als besonderen kleinen Leckerbissen mit zur Sülze geben. Dann den Fisch entlang der Rückengräte vorsichtig einschneiden und vom Rückgrat abheben. Die dicken Bauchgräten, sollten sie noch hängengeblieben sein, lassen sich leicht ablösen. Schwanz und Flossen ebenso mit den besonders an den Flossen hängenden Gräten entfernen, dann die Filets je nach Größe des Fisches in 2 oder 3 Teile portionieren.

Ist der Sud nun genügend eingekocht, schmeckt man ihn nochmals ab. Es kann sein, dass durch das Kochen zu viel Säure verlorenging und noch ersetzt werden muss. Die Fischtranchen in tiefe Teller oder passende kleine Schalen legen, das Gemüse schön appetitlich dazu mit anrichten und mit dem Sud begießen. Der Fisch muss bedeckt sein. Für 24 Stunden, zumindest über Nacht, in den Kühlschrank stellen, damit der Sud sülzen kann.

Die Sülze kann ganz einfach zu einem schmackhaften Oberpfälzer Bauernbrot gegessen werden. Auch heiße Kartoffeln oder besonders Röstkartoffeln passen sehr schön dazu. Natürlich ist so eine ganz besondere Sülze auch eine Bereicherung für ein Fischbuffet.

Auf diese Art wurde früher der Karpfen häufig zur Kirchweih in den Dorfwirtshäusern angeboten. Die Wirtsleute konnten den Fisch schon vorher zubereiten und waren so dem großen Ansturm zum Kirchweihtag gut gewachsen.
Im privaten Haushalt ist diese Zubereitung eine schöne Möglichkeit, den Fisch einmal auf eine andere Weise und auch etwas haltbar zuzubereiten. Hat man beispielsweise einen sehr großen Fisch oder mehrere bekommen, so bietet es sich an, eine Portion klassisch blau zuzubereiten und die übrige auf die beschriebene Art im eigenen Gelee, zumal man dann den übrigen Sud des blauen Fisches gleich weiter verwenden kann. In Haut, Schleim und Gräten hat der Karpfen viele Gelierstoffe, die sich besonders im gesäuerten Wasser lösen. Hat man einen Sud, in dem bereits ein Fisch gegart wurde, tut man sich um so leichter, eine schöne feste Fischsülze zu bekommen.

Spiegelkarpfen

Gefüllte Zwiebel

mit Karpfen

Zutaten:

4 milde rote oder weiße Zwiebeln

2 geschröpfte Karpfenfilets

500 ml Gemüsebrühe

2 große Zehen Knoblauch

100 g kandierte Zedra oder Zitronat

2 kleine Stangen Bleichsellerie (aus der Mitte)

2 gehäufte TL eingelegte grüne Pfefferkörner

8 Sardellenfilets

1 EL Butter + 1 EL Öl

Zubereitung:

Die Zwiebeln schälen, oben einen Deckel abschneiden, unten bei den Wurzeln gerade schneiden, dass sie sich aufstellen lassen, und aushöhlen. Das Innere in kleine Würfelchen schneiden.

Die ausgehöhlten Zwiebeln im Gemüsefond 7 Minuten bei leichter Hitze garen, aus dem Topf nehmen und abtropfen lassen.

In der Zwischenzeit das Zwiebelinnere in Butter oder Öl anschwitzen, den feingeschnittenen Knoblauch mit dazugeben, dann die kleingewürfelte kandierte Zitronen- oder Zedraschale dazugeben und das gewürfelte Karpfenfleisch. Schließlich noch den gewürfelten Bleichsellerie beifügen, noch etwa 3 Minuten weitergaren, dann die Hitze abschalten und die Füllung in der Restwärme nachgaren lassen. Währenddessen den eingelegten grünen Pfeffer abtropfen lassen und noch etwas kleinhacken ebenso die Sardellen, zur Füllmasse geben und Alles gut vermischen und gegebenenfalls mit Salz noch nachwürzen.

Die Füllung in die ausgehöhlten Zwiebeln verteilen.

Will man das Gericht als Hauptgericht servieren, eignen sich ganz einfache Salzkartoffeln recht gut als Beilage.

Ganz delikat: Für verwöhnte Gaumen versteckt sich das geschröpfte Karpfenfilet in diesem rustikalen Mantel. Es eignet sich gut als Vorspeise oder Zwischengericht, denn durch die raffinierte Würzung macht es Appetit auf mehr.

Wir schließen den Kreis

Finale

Nun sind wir dem Karpfen auf seiner Reise in die Oberpfalz gefolgt und können feststellen: Es gefällt ihm hier recht gut, sonst wäre er nicht schon über Hunderte von Jahren sesshaft geworden und geblieben. Er konnte sich der Vielfalt der Landschaften und den unterschiedlichen Klimata gut anpassen und – wenn das sicher nicht seine Absicht war – auch einen sehr feinen Geschmack entwickeln. Das geht sogar so weit, dass der Geschmack für die einzelnen Gebiete, ja sogar für die verschiedenen Teiche ein- und desselben Teichwirts unterschiedlich ausfällt. Dadurch bin ich bei meinen Recherchen für dieses Buch schon beinahe zu etwas wie einem Fischsommelier geworden; ein neues Erlebnis für mich, die ich schon seit über 70 Jahren die vielfältigen Gegenden, so manch idyllischen Winkel, die vielen Besonderheiten und Seltenheiten der Natur, der Kunst und Kultur, die die Oberpfalz bietet, kennen und genießen darf. Rad- und Wanderwege von Nord bis Süd erschließen die ganze Oberpfalz und bieten die Möglichkeit, so manches Kleinod aufzuspüren. So kann man im Westen von Bayreuth bis Regensburg den Rad- und Wanderweg entlang der Haidenaab und Naab benutzen und diese Landschaft in sich aufnehmen. Im bergigen Osten gibt es natürlich auch streckenweise Radtouren und Radrundwege, durchgehend aber zieht sich der bekannte Wanderweg „Goldsteig" von Norden bis Süden und führt, wie sein Name schon sagt, an vielen klaren Bächen vorbei, in denen auch heute noch das edle Metall gewaschen werden kann. Auch der Nurtsch-Weg erschließt diese Landschaft sehr schön. Er startet im Stiftland bei der schon erwähnten Wallfahrtskirche Kappl und verläuft durch den gesamten Oberpfälzer Wald bis nach Waldmünchen. Er zählt als einer der schönsten Wanderwege Deutschlands. Diverse Wanderführer mit Landschafts- und Ortsbeschreibungen und bezaubernde Bildbände des Verlags helfen bei der Entdeckungsreise durch die Oberpfalz.

Mit diesem Buch wollen wir ein weiteres Mosaiksteinchen hinzufügen und die nicht auf den ersten Blick erkennbaren Wasserwelten der Oberpfalz ein wenig beleuchten. Um einen kleinen Querschnitt der edelsten Fische der Oberpfalz zu genießen, bereiten wir uns eine Oberpfälzer Bouillabaisse zu und kehren wieder zurück in die mediterrane Gegend, den europäischen Ausgangspunkt des Karpfens, und wir treffen wieder auf Plinius den Älteren, dem wir eine der ältesten Aufzeichnungen von diesem Gericht verdanken.

Bouillabaisse

Einführung

Bei Bouillabaisse denkt man natürlich sofort an eine Fischsuppe und das ist sie ja auch, aber nicht irgendeine, sondern eben eine mit diesem ganz besonderen, feinen Geschmack, mit den verschiedenen Fischen, mit Gemüse und Kartoffeln und der Rouille, einer scharfen Knoblauchsoße, alle diese Komponenten machen die Bouillabaisse aus.
Allein der Name führt schon nach Frankreich, das Ursprungsland dieses Traditionsgerichtes. In Südfrankreich, an der Küste des Mittelmeeres, wurde der bunte Fang der Meerestiere mit Gemüsen und Gewürzen versehen und zu einer Art Fischeintopf zubereitet, der in großer Gesellschaft zelebriert und verzehrt wurde.
Bis heute hat sich eine wahre Delikatesse daraus entwickelt, deren Hochburg in Marseille angesiedelt ist. In dieser am Meer gelegenen, ältesten Großstadt Frankreichs findet ein regelrechter Wettbewerb unter den zahlreichen feinen Restaurants statt, wer wohl den Anspruch für sich erheben kann, die beste, den Grundregeln entsprechende und doch innovative, sensationelle Bouillabaisse anzubieten.
In Deutschland wird die Bouillabaisse besonders in und um Saarbrücken geschätzt und dient einigen Restaurants wegen der vorzüglichen Zubereitung als Aushängeschild. Natürlich ist in dieser Gegend der Einfluss der französischen Küche stark zu spüren, schon rein durch die geografische Nähe zu Frankreich.
Was aber soll uns daran hindern, eine Bouillabaisse der Oberpfalz zuzubereiten? Bei der Vielfalt und der Qualität unserer heimischen Fische dürfte das sicher gut gelingen. Und auf die herrlichen Flussperlmuscheln, die einmal zahlreich in unseren Gewässern vorkamen, aber jetzt schon beinahe verschwunden sind und die wir daher unbedingt schützen müssen, auf die verzichten wir gerne bei so einem reichhaltigen Gericht.
Fangen wir also an. Und wie bei der klassischen Marseiller Version wird sich unsere Oberpfalz-Bouillabaisse ebenso in eine Vorspeise und in einen Hauptgang aufteilen.

Übrigens konnte man schon bei Plinius dem Älteren, dem römischen Gelehrten, einen Hinweis auf eine ähnliche Fischsuppe finden, womit wir wieder bei unserem Ausgangspunkt, den beliebten Fischgerichten der römischen Esskultur, angelangt wären.

Oberpfalz-Bouillabaisse

Zutaten:

Verschiedene Fischfilets 800 g – 1 kg (hier wurden Forelle, Saibling, Zander, Waller verwendet)

1 kg Kartoffeln

Für die Suppe:

2 Karotten

2 Petersilienwurzeln

1 Pastinake

1 rote Zwiebel

2–3 Kartoffeln (von der Gesamtmenge genommen)

2 Kurkumawurzeln

2–3 Zehen Knoblauch

1 Fenchelknolle, nicht allzu groß

2 Stiele Stangensellerie

1 Stange Lauch, davon das Weiße

2–3 Tomaten

Gewürze:

2 Lorbeerblätter

5 Thymianzweige

2 Gewürznelken

1 Stück einer Zimtrinde

6 Pimentkörner

¼ Vanilleschote

½ TL Fenchelsaat

Zubereitung:

Zuerst bereitet man die Suppe mit den vielen feinen Gemüsen und Gewürzen zu.

Parallel dazu werden schon die Salzkartoffeln gekocht, denn ein paar der Kartoffeln benötigt man für die Rouille, die dann zur Vorspeisensuppe gereicht wird.

Für die Suppe in einem Topf 1 EL Butter und 1 EL Öl heiß werden lassen und die in Stücke geschnittenen Wurzelgemüse, also die Karotten, die Petersilienwurzel und die Pastinake, darin anbraten. Eine rote Zwiebel würfeln und mit anschwitzen, dabei das Ganze umrühren. Dann die Brühe angießen und bei kleiner Hitze köcheln.

Die Kartoffeln schälen, in grobe Stücke zerschneiden 2–3 für die Suppe zur Seite legen, und in Salzwasser zusetzen. Ich gebe dazu auch gerne ein frisches oder getrocknetes Blatt Liebstöckl mit hinein, aber nur ein kleines Blatt, denn der Geschmack ist sehr kräftig und darf nicht die anderen Aromen übertönen. Nach 20 Minuten können die Kartoffeln abgeseiht werden. Bis zum Servieren oder Weiterverwenden werden sie warmgestellt.

2–3 der Kartoffeln werden in kleinere Stücke geschnitten, den Gemüsestücken in der Suppe angepasst, und der Suppe beigegeben. Sie machen durch die enthaltene Stärke die Suppe auch etwas sämig. Dann ist die Kurkumawurzel daran. Zur Verarbeitung sollte man unbedingt Handschuhe anziehen, denn die intensiv gelbe Farbe ist wie die rote Farbe von Roter Bete nicht so einfach durch Abwaschen mehr zu entfernen. Die dünne äußere Schale lässt sich leicht mit einem kleinen Küchenmesserchen abkratzen; dann die Kurkuma in kleine Scheibchen schneiden und mit zur Suppe geben. 2–3 Zehen Knoblauch schälen, ebenso in kleinen Scheibchen mit beifügen. Dann werden Fenchel, Stangensellerie und Lauch in Ringe geschnitten und auch die Stiele der Petersilie kommen mit zur Suppe. Ist alles darin, wird der Wein angegossen.
In einen Teebeutel oder ein kleines Stoffsäckchen gibt man nun die Gewürze: Lorbeerblätter, Thymianzweige, Nelke, Zimtrinde, Pimentkörner und ¼ Vanilleschote, eventuell noch etwas Fenchelsaat und für die Schärfe eine kleine getrocknete Chilischote. Schnell hinein in den Suppentopf, damit die Aromen sich gut verbreiten können. Auch Safran kann man

1 kleine getrocknete rote Chilischote

Einige Safranfäden nach Belieben, nicht zwingend

1 EL Butter

1 EL ÖL

¾ l Geflügel-, Gemüse- oder Fischbrühe

½ l Weißwein

Für die Rouille zusätzlich:

1 frische rote Chilischote

Gut ½ Häuptel Knoblauch

100 ml feines Olivenöl

Piment de Espelette oder scharfes Paprikapulver

beifügen. Die Fäden sollte man vorher in Wasser einweichen, dann lösen sie sich auf. Der Safran dient überwiegend der Färbung, damit die Suppe einen schönen gelb-orangen Farbton bekommt. Da wir die Farbe schon durch die Kurkumawurzel, die früher frisch noch nicht zu erhalten war, erreichen, ist der teure Safran nicht zwingend nötig. Nun kommen noch die Tomaten in die Suppe. Man sollte möglichst fleischige Sorten verwenden, sie in Stücke schneiden und die Kerne und den Glibber entfernen. Zum Abschluss kommt noch ein Teil des geschnittenen Dills und der Petersilie mit hinein, ein guter Schuss Noilly Prat oder Pernod und nicht vergessen: mit Salz abschmecken. Die Hitze zurücknehmen, die Suppe sollte nur noch ganz leicht köcheln.

Solange die Suppe köchelt, bereite ich schon einmal die Fischfilets vor. Sie werden dann in die Suppe eingelegt und man lässt sie gar ziehen. Das dauert nur wenige Minuten. Ich fühle die Filets noch nach Gräten ab. Das geht am besten, wenn man die Filets leicht wölbt oder über eine umgedrehte Schüssel legt. So lassen sich noch vorhandene Gräten am leichtesten mit einer Pinzette ziehen. Dann schneide ich mir die Filets in eine schöne, gleichmäßige Form und nur so lang, dass sie gut in den Topf gelegt werden können, ohne sie umzuschlagen. Die abgeschnittenen Teile werden wieder kalt gestellt. Sie dienen dann am anderen Tag als Suppeneinlage, denn da kann man die übrige Suppe zusammen mit dem übrigen Gemüse als feine Fischsuppe nochmals erwärmen und genießen. So hat sich der Aufwand für dieses große Gericht auch gelohnt.

Nun geht es an die Zubereitung der Rouille. Dafür wird eine rote Chilischote von den Kernen befreit und in Ringe geschnitten. Die Knoblauch-

Anmerkung:
Die Rouille enthält kein Ei und ist somit länger haltbar als eine Mayo. Wird die Suppe mit Gemüsebrühe als Basis zubereitet, ist sie sogar vegan.

zehen werden geschält, der Keim entfernt und grob zerschnitten. Von den Salzkartoffeln entnimmt man so viele Stücke, dass sie zusammen die Menge von gut 3 ganzen Kartoffeln ergeben. Kartoffeln, Chili und Knoblauch werden in einen Mixtopf gegeben und mit 2 Schöpfkellen möglichst klarer Suppe aus unserer schönen Gemüsesuppe versetzt. Man gibt noch scharfes Paprikapulver oder Piment de Espelette dazu, dann wird das Ganze aufgemixt. Dann lässt man knapp 100 ml feines Olivenöl zufließen und mixt weiter schön durch. Sollte die Soße zu fest und dick sein, kann mit Brühe nachjustiert werden. Die Konsistenz sollte ähnlich der einer Mayonnaise sein. Noch durch ein feines Sieb streichen, damit sich keine kleinen Klümpchen mehr darin befinden.

Nun werden noch die Fischfilets in die Suppe gelegt. Sie müssen nur kurz gar ziehen, je nach Dicke etwa 4–5 Minuten. Man erkennt das am Eiweiß des Fisches, das sich weiß verfärbt. Nicht zu lange kochen, denn sie werden herausgenommen und warm gestellt; dabei ziehen sie noch etwas nach.

Die Suppe wird jetzt abgeseiht und das Gemüse ebenfalls warm gestellt.

Nun kann Teil 1 der Bouillabaisse serviert werden. Dazu wird die Suppe in einer Tasse oder kleinen Schale gereicht und die Rouille in einem kleinen Schälchen. Dazu gibt es frisches, dünnes Baguette, man kennt es auch als Kaviarbrot.

Nun schon einmal guten Appetit!

Und es geht auch gleich weiter, denn die Komponenten des Hauptgerichts stehen ja schon warm. Die Fischfilets auf einer großen Platte anrichten, die Kartoffeln dazu und das Gemüse aus der Suppe.
Mit fein geschnittenem Dill und Petersilie bestreuen. Auch die übrige Rouille kann noch dazu gereicht werden.

Fischsuppe

Wie schon beschrieben kann am folgenden Tag übriges Gemüse wieder zur Suppe beigefügt werden und die abgeschnittenen Teile der Fische werden in mundgerechte Stücke zerschnitten und in der Suppe kurz gegart.

So hat man noch ein zweites feines Gericht am Folgetag.